ATLAS DU FRANÇAIS DE NOS RÉGIONS

Mathieu Avanzi

Linguiste et spécialiste des français régionaux,
Mathieu Avanzi anime le blog « Français de nos régions ».

ARMAND COLIN

Maquette, graphisme et mise en page : B. S.

Couverture : Hokus Pokus Créations

© Armand Colin, 2017

Armand Colin est une marque de Dunod Éditeur, 11, rue Paul Bert, 92240 Malakoff

www.armand-colin.com

ISBN 978-2-200-62010-3

INTRODUCTION

Si vous avez déjà eu l'opportunité d'effectuer un séjour hors de votre région d'origine, il est fort probable que vous vous soyez retrouvé en face de francophones qui utilisaient, pour désigner des objets ou des situations de la vie de tous les jours, des mots ou des expressions qui ne faisaient pas partie de votre vocabulaire. Il est également fort probable que vous ayez entendu ces mêmes personnes prononcer d'une façon différente de la vôtre des mots qui vous sont pourtant familiers… C'est parce que d'un bout à l'autre du monde – mais cela est également vrai à l'intérieur de la France, de la Belgique ou de la Suisse – le français que l'on parle n'a pas les mêmes couleurs, ni les mêmes sonorités.

D'où viennent les régionalismes ?

Les raisons qui permettent d'expliquer pourquoi on ne parle pas le même français à Lille, à Marseille, à Bruxelles ou à Genève sont nombreuses et étroitement imbriquées. Historiquement, il faut se souvenir que le français, sous sa forme codifiée et normée, née dans les milieux savants à la fin du Moyen Âge, ne s'est pas imposé à la même époque sur l'ensemble du territoire. Pour des raisons historiques, géographiques et politiques, les provinces avoisinant l'Île-de-France ont été les premières où l'on a parlé français ; les régions les plus éloignées ayant été francisées plus tard. À titre de comparaison, si l'on estime que la Cour de France parlait français au XVIe siècle, dans la partie méridionale de la France comme dans les cantons catholiques de Suisse romande et en Wallonie, le français ne supplantera définitivement les parlers locaux… qu'après la Seconde Guerre mondiale ! Partant, on l'aura compris, les différents parlers dialectaux ont influencé avec plus ou moins de force le français qui les a supplantés : les territoires où la francisation a été la plus tardive sont ceux qui présentent aujourd'hui les particularités régionales les plus fortes par rapport au français dit « standard », c'est-à-dire au français que diffusent les médias parisiens. Ajoutons également que la francisation s'est faite plus tôt dans les villes que dans les campagnes, et qu'elle a atteint d'abord les couches les plus cultivées de la population, et on aura une meilleure appréhension de la complexité du tableau.

Le saviez-vous ?

En 1882, il fallait compter plus de 4 heures de train pour rejoindre Paris depuis Lille, près de 9 heures depuis Lyon et plus de 15 heures depuis Marseille !

Par ailleurs, puisque les langues sont des systèmes vivants, chacune des régions où le français s'est implanté a connu des évolutions qui lui sont propres, qu'il s'agisse de la création de mots nouveaux ou du maintien de mots anciens. De façon parallèle, ces particularismes ont connu des destins singuliers, jouissant d'une diffusion plus ou moins large, en lien avec les contraintes pesant alors sur la mobilité de la population (voir encadré) et sur la diffusion du français standard par les médias de masse : en France, les premières émissions de radio grand public font leur apparition durant la période de l'entre-deux-guerres, la télévision ne sera popularisée que dans les années cinquante.

Quel français régional parlez-vous ?

Les régionalismes du français, qu'ils portent sur les mots ou sur les habitudes de prononciation, ont fait l'objet de nombreux inventaires au fil du temps (les plus anciens datent de la fin du XVIIe siècle). Aujourd'hui, quelques-unes de ces particularités linguistiques locales sont répertoriées dans les dictionnaires de grande consultation (il s'agit des entrées qui comportent la mention « rég. »), et on ne compte plus le nombre de pages Internet qui leur sont dédiées. On sait toutefois peu de choses sur l'extension géographique précise de ces régionalismes. C'est pourquoi en 2015, avec la collaboration de plusieurs collègues, j'ai commencé à mettre en place différents sondages sur Internet où l'on invitait des internautes à répondre à un certain nombre de questions relatives à leur façon de parler. À ce jour, plus de 50 000 internautes ont pris part à ces différentes enquêtes au fil des mois, et leurs réponses m'ont permis de générer différentes cartes thématiques. On retrouvera quelques-unes de ces cartes sur le blog www.francaisdenosregions.com, et plus d'une centaine dans cet atlas, le premier en son genre pour le français.

Note sur la lecture des cartes

La centaine de cartes que contient cet ouvrage est loin de couvrir l'inventaire des spécificités locales du français parlé en France, en Suisse et en Belgique, mais elles en donnent un bon aperçu. Sans doute le lecteur lorrain pourra remarquer que tel ou tel mot donné comme propre au français de Belgique peut s'entendre dans le Nord-Est de la France, le lecteur toulousain ne reconnaîtra peut-être pas comme sienne telle ou telle prononciation donnée comme typiquement méridionale. Ces imprécisions sont normales. Ces cartes ont été réalisées à partir de sondages, autrement dit d'échantillons : au total, chaque carte a été générée à partir des réponses de groupes oscillant entre 7 000 et 12 000 internautes. Aussi, il faut bien comprendre que nos cartes reflètent des tendances : elles permettent de rendre compte des aires où on aura le plus de chance de rencontrer un fait linguistique donné.

Remerciements

La réalisation de cet ouvrage n'aurait jamais été possible sans le soutien de plusieurs institutions de recherche, à savoir, en Belgique : l'Université catholique de Louvain et le Fonds de la recherche scientifique (F.R.S.-FNRS) ; en France : l'Université de Strasbourg et la Délégation générale à la langue française et aux langues de France (DGLFLF) ; en Suisse : l'Université de Genève, l'Université de Neuchâtel, l'Université de Zurich et le Fonds national suisse de la recherche scientifique (FNS).

Je voudrais également remercier tous les collègues qui m'accompagnent depuis le début de cette aventure, ainsi que l'ensemble des personnes qui ont pris part aux différentes enquêtes pour lesquelles je les ai sans cesse sollicitées.

SOMMAIRE

Belgique

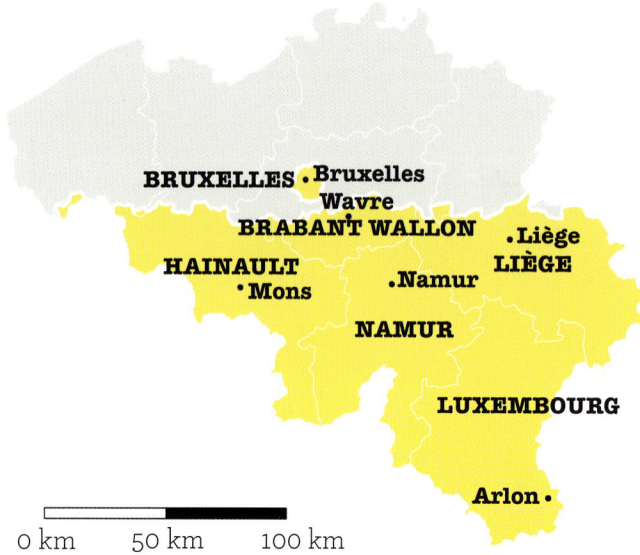

En Belgique, le français est la langue officielle la plus couramment parlée en Wallonie (région administrative qui regroupe les 5 provinces de la partie méridionale du pays, soit, d'ouest en est : le Hainaut, le Brabant-Wallon, Namur, Liège et Luxembourg) ; il est également courant à Bruxelles (capitale du pays, en zone néerlandophone). Au nord du territoire, on parle principalement néerlandais, alors que dans certains cantons de l'est de la province de Liège, c'est l'allemand qui jouit du statut de langue officielle.

Suisse

En Suisse, le français est parlé sur les terres les plus à l'ouest du pays, sur un territoire que l'on nomme « Suisse romande » ou « Romandie », et qui regroupe les cantons monolingues de Genève, de Neuchâtel, de Vaud et du Jura, ainsi que les cantons bilingues de Fribourg, de Berne et du Valais. Les autres langues de la Suisse sont l'allemand, l'italien et le romanche.

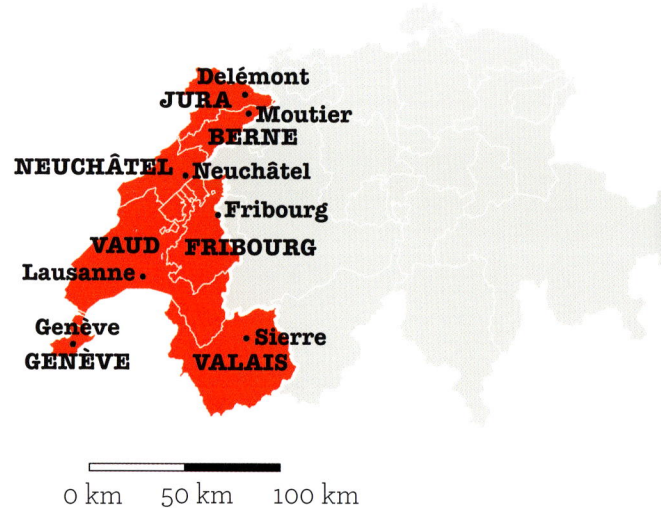

France

En France, le français est la seule langue officielle reconnue par l'État, mais certaines langues régionales sont encore localement parlées et même enseignées par l'Éducation nationale. Et, comme cet atlas le montre, tous les locuteurs de l'Hexagone ne parlent pas exactement le même français !

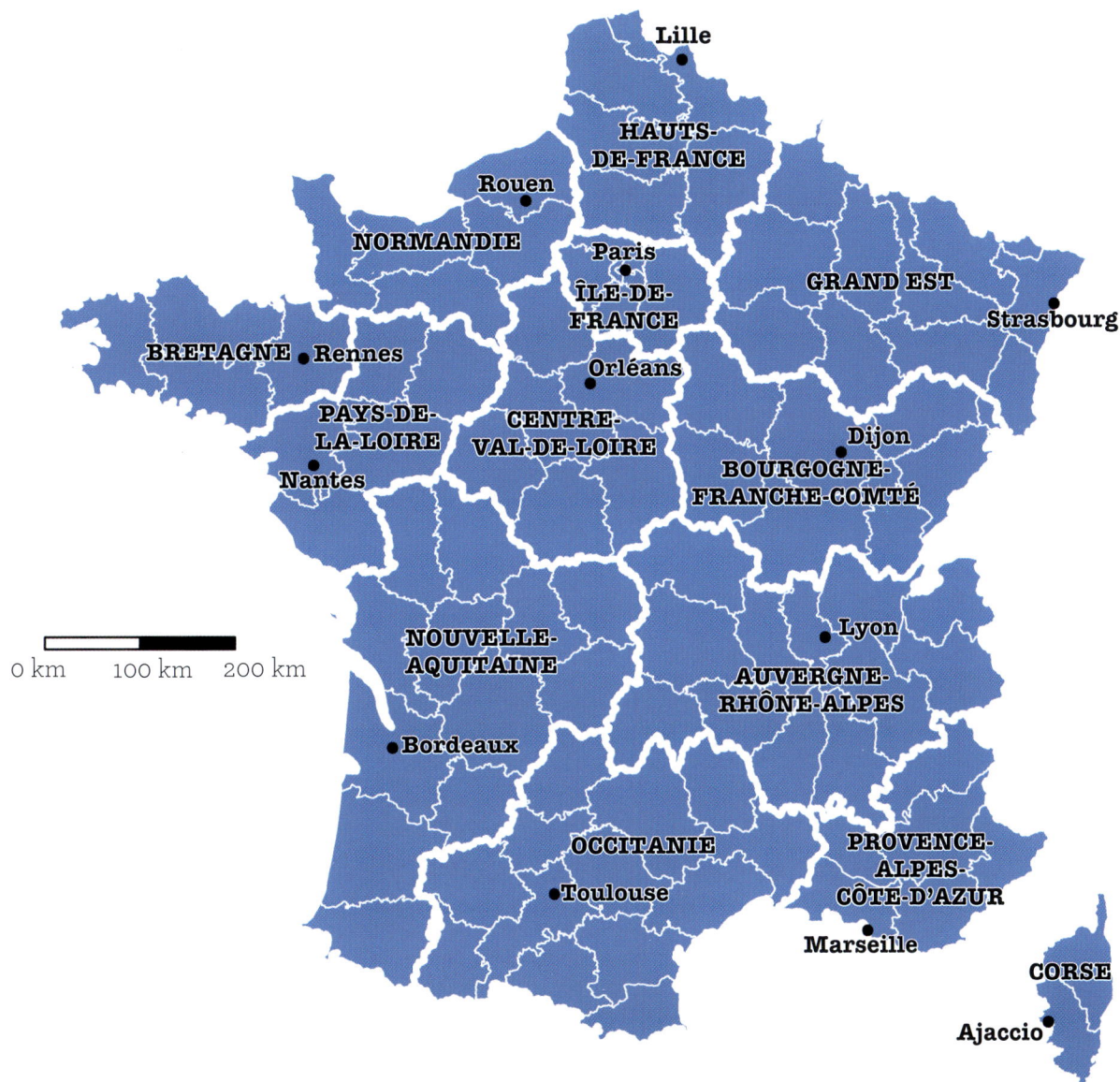

Lille

HAUTS-DE-FRANCE

Rouen

NORMANDIE

Paris

ÎLE-DE-FRANCE

GRAND EST

Strasbourg

BRETAGNE   Rennes

Orléans

PAYS-DE-LA-LOIRE

CENTRE-VAL-DE-LOIRE

Nantes

Dijon

BOURGOGNE-FRANCHE-COMTÉ

0 km   100 km   200 km

NOUVELLE-AQUITAINE

Lyon

AUVERGNE-RHÔNE-ALPES

Bordeaux

OCCITANIE

PROVENCE-ALPES-CÔTE-D'AZUR

Toulouse

Marseille

CORSE

Ajaccio

LA RICHESSE

DU

DE NOS

FRANÇAIS
RÉGIONS

Une histoire de crayons

Le bâtonnet de bois contenant une mine de graphite, dont on se sert pour écrire sur du papier, a été inventé par Nicolas-Jacques Conté (chimiste, peintre et physicien) en 1795. Au fil des siècles, aucune dénomination stable n'a réussi à s'imposer, d'où la grande diversité que l'on constate aujourd'hui dans les usages.

Le mot crayon signifie étymologiquement « petite craie ».

Le saviez-vous ?

De l'autre côté de l'Atlantique, nos cousins québécois utilisent l'expression **crayon de plomb**.

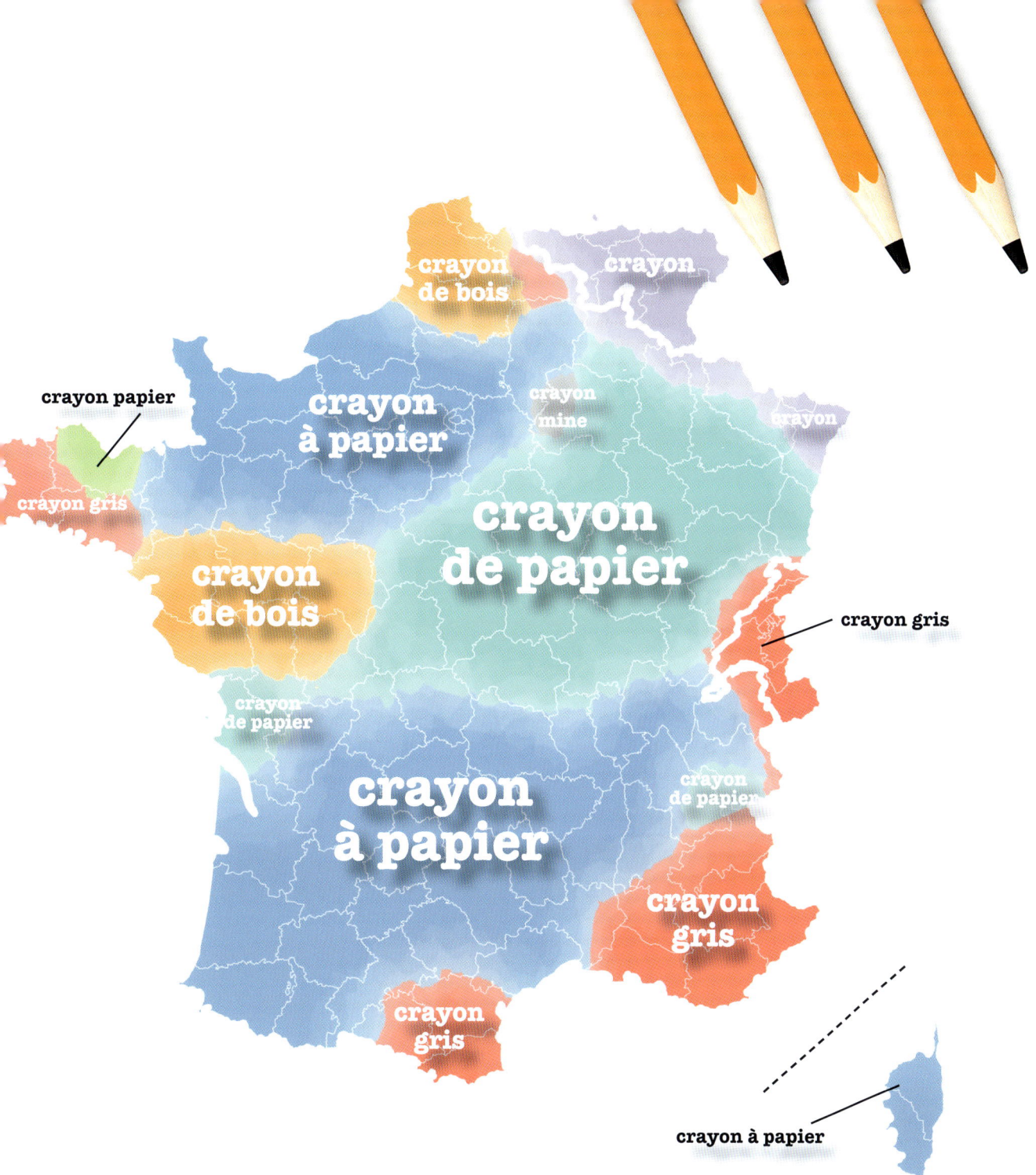

crayon de bois

crayon

crayon papier

crayon à papier

crayon mine

crayon

crayon gris

crayon de papier

crayon de bois

crayon gris

crayon de papier

crayon à papier

crayon de papier

crayon gris

crayon gris

crayon à papier

crayon à papier

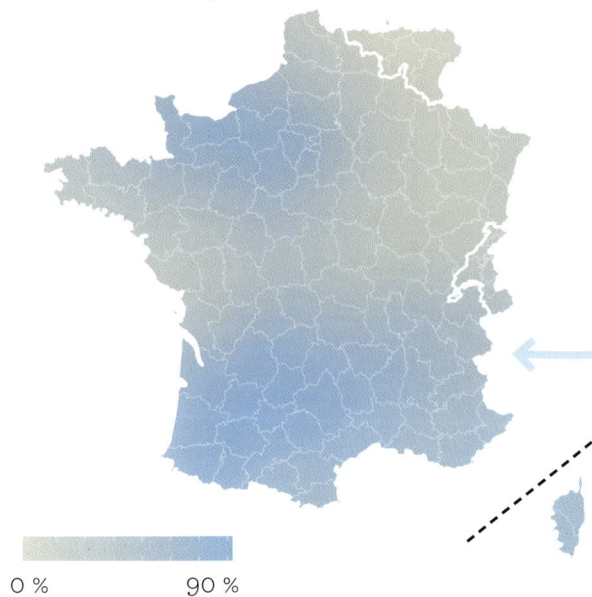

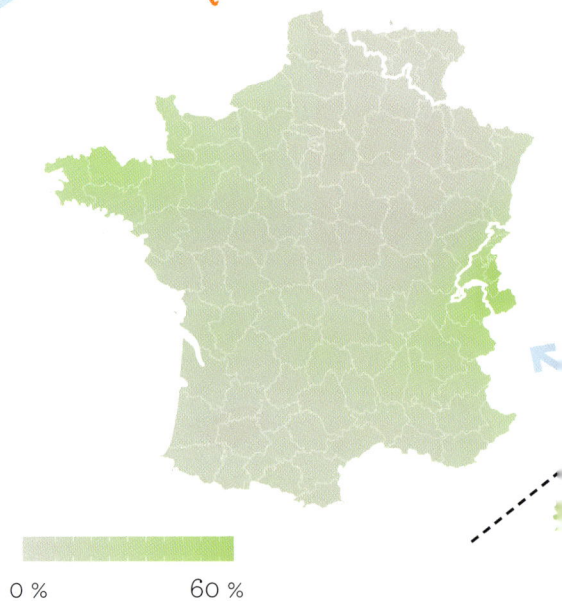

Les variantes **crayon de papier** et **crayon à papier** sont de loin les plus répandues sur le territoire.

0 %   90 %

crayon de papier

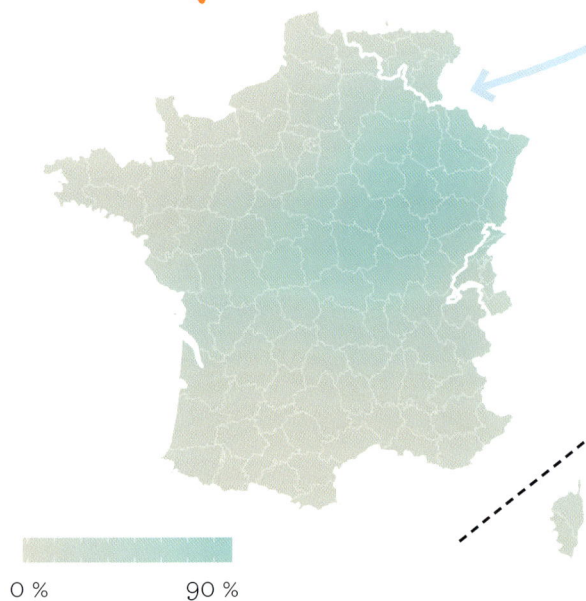

0 %   90 %

crayon papier

0 %   60 %

crayon gris

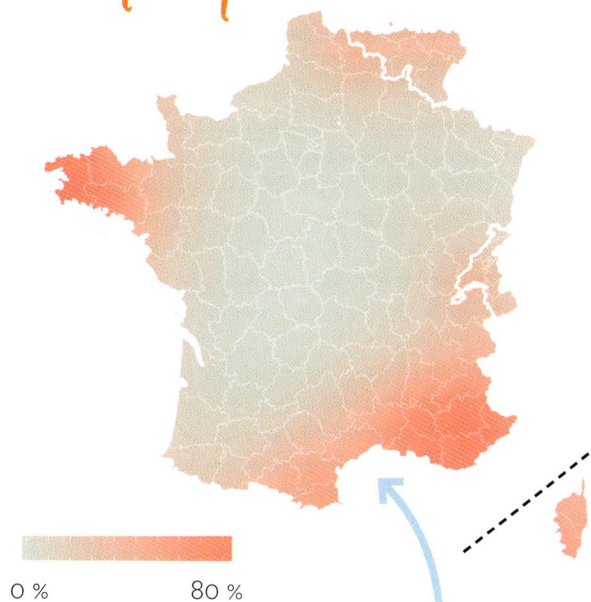

0 %   80 %

crayon de bois

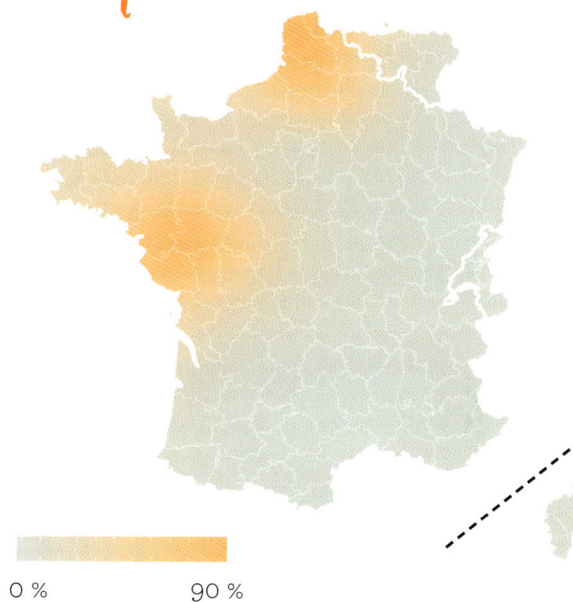

0 %   90 %

crayon

Les autres variantes sont utilisées essentiellement dans les régions les plus en périphérie de la francophonie d'Europe.

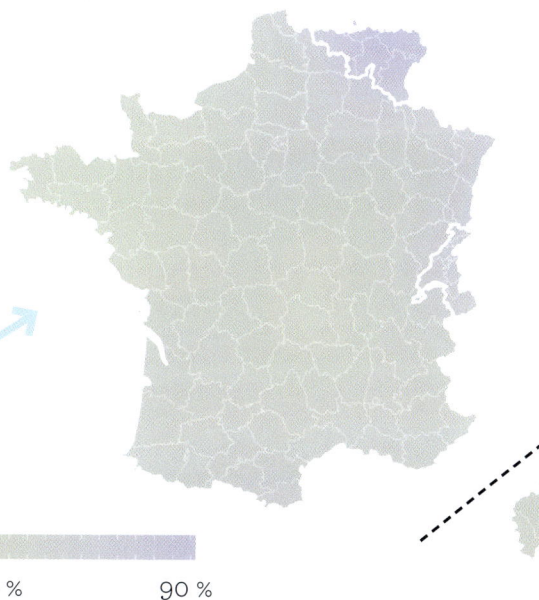

0 %   90 %

Passer un coup de cinse ou de panosse ?

Si tous les francophones d'Europe connaissent le mot **serpillière**, beaucoup utilisent d'autres expressions pour parler du type de chiffon dont on se sert pour lessiver les sols. Malgré l'étonnante diversité des mots recensés par les linguistes, on constate que la plupart ont en commun de désigner étymologiquement un « morceau de tissu ». Ainsi, certains termes qualifiaient à l'origine un morceau de toile grossière qu'on utilisait pour emballer des marchandises afin de les protéger des intempéries : c'est notamment le cas du mot **serpillière**, du mot **toile** (forme abrégée de l'expression **toile d'emballage**) ou du mot **bâche**. Bon nombre de ces mots désignent également un chiffon : c'est, par exemple, le cas des mots **pattes**, **cinse**, **loque** (on dit aussi **loque à reloqueter**) ou encore **peille**. Enfin, on compte aussi des variantes : en Lorraine, on peut entendre la forme **torchon de plancher** ; dans le Sud-Est, **pièce** est la forme raccourcie de **pièce à frotter** (un peu comme dans l'expression, aujourd'hui vieillie en français, « pièce de pain » qui signifie « morceau de pain ») ; dans le Centre-Est, **panosse** a été concurrencé par les variantes **panouche** et **panousse** (qui ne sont guère vivaces de nos jours) ; **frégone** est formé sur le verbe *fregar* qui signifie « frotter ». Quant au terme **wassingue**, c'est le seul mot qui n'a rien à voir avec le champ lexical du tissu. Le mot provient en effet du flamand *wassching* qui signifie « action de laver ».

torchon

wassingue

loque

bâche

toile

serpillière

cinse

patte

panosse

pièce

peille

frégone

serpillière

La porte, vous la clenchez ou vous la barrez ?

L'expression **fermer une porte à clef** est la plus couramment utilisée par les francophones d'Europe pour désigner l'action de verrouiller une porte. Mais dans le Centre-Ouest de la France, on utilise plutôt le verbe **barrer** : en effet, dans l'ancien usage, il fallait se servir d'un morceau de bois pour bloquer une porte. Dans une large partie nord, discontinue, c'est le verbe **clencher**, aussi orthographié **clancher**, bien qu'il soit de la même famille que le verbe **déclencher**, qui remplit ce même office. En Suisse romande, on peut entendre les variantes **cotter** (aussi écrit **coter**, une cote étant une cale de bois qui, justement, sert à bloquer une porte), **loquer** (on reconnaît la racine du mot « loquet ») ou **ticler** (un ticlet désignant à l'origine le petit bras de levier d'une porte et, par extension, une poignée).

clenche

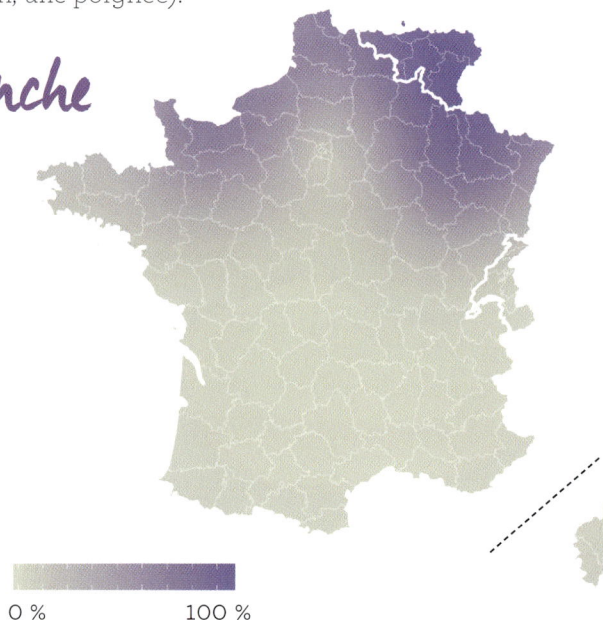

0 %   100 %

barrer

clencher

clencher

fermer
à clef

ticler

crouiller

cotter

barrer

fermer
à clef

claver

claver

fermer
à clef

Comment désignez-vous l'objet en plastique, en toile ou en papier que l'on distribue au supermarché ?

Sur la plus grande partie du territoire, on parle de **sac**. Dans les régions à la périphérie nord et est, c'est le mot **sachet** qui arrive en tête des sondages. Dans la partie ouest du territoire, on utilise essentiellement le mot **poche** ou sa variante **pochon** en Bretagne comme dans l'Indre. Quelques informateurs ont indiqué utiliser **nylon** dans le sud de l'Alsace ! Sur une bonne partie de la Suisse romande, de la Franche-Comté et de la Lorraine, le mot **cornet** est d'usage courant.

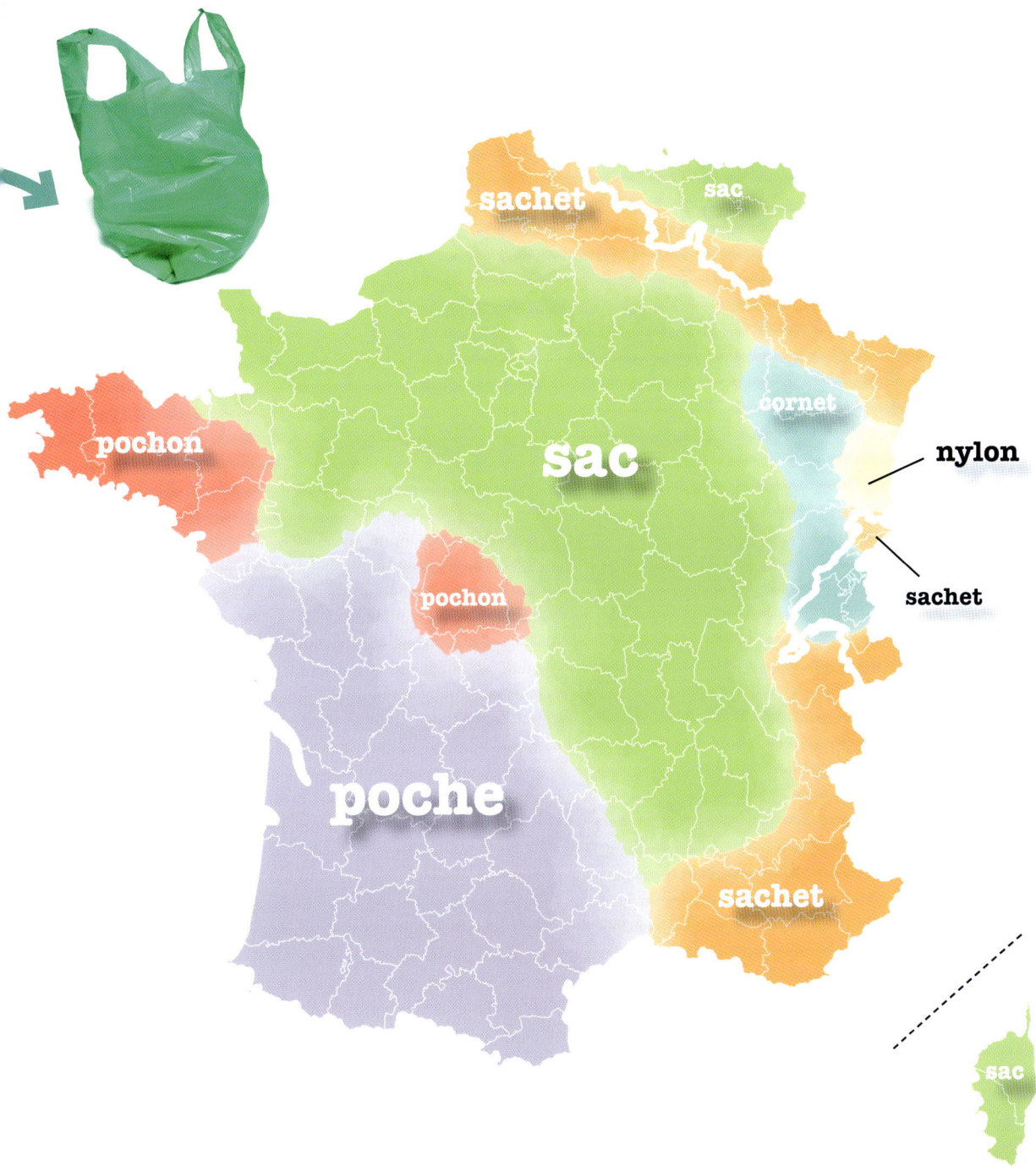

sachet

sac

pochon

cornet

nylon

sac

sachet

pochon

poche

sachet

sac

Comment désignez-vous cet objet ?

Comme pour le **crayon à papier** et ses diverses variantes (voir p. 16 à 19), il n'existe pas de terminologie officielle pour désigner l'objet qui sert à ramasser les détritus et qui s'utilise généralement avec une balayette.

La majorité des Français utilisent diverses expressions impliquant le mot **pelle** (**pelle-à-balai**, **pelle-à-balayures**, **pelle-à-ordure**, **pelle-à-poussière**, **pelle-à-ramasser**, etc.), dont la distribution n'est pas régionale. Dans les périphéries du territoire, on utilise d'autres expressions dont le sens est expliqué dans les pages suivantes.

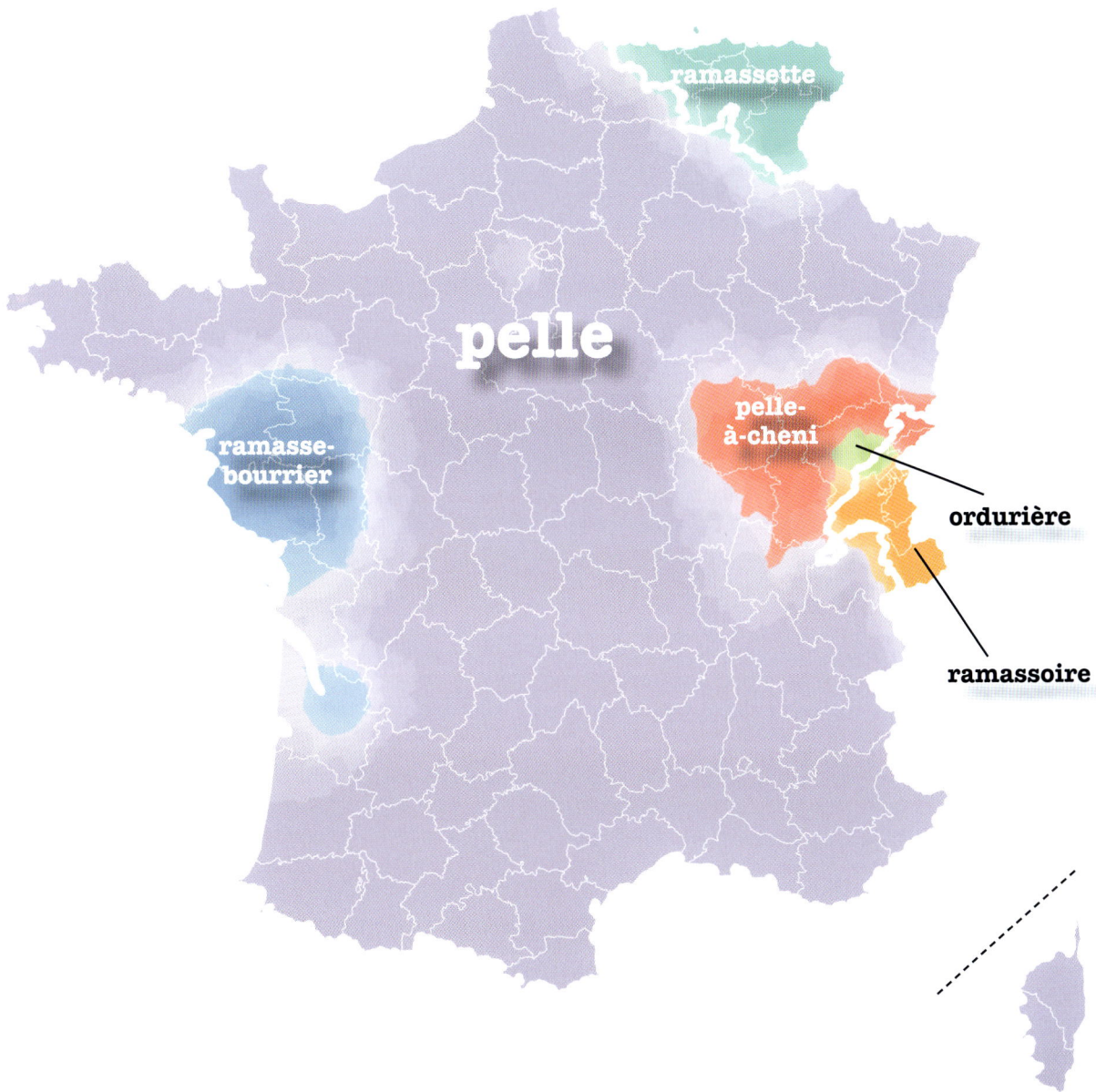

ramassette

pelle

ramasse-bourrier

pelle-à-cheni

ordurière

ramassoire

ordurière

0 %　　　　28 %

ramassoire

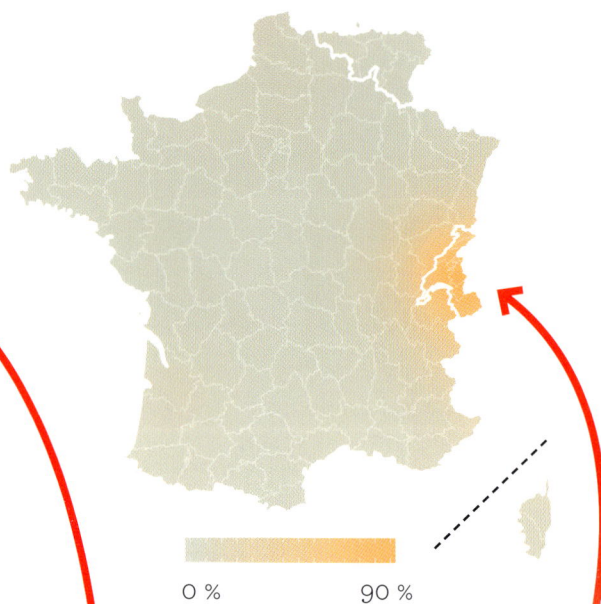

0 %　　　　90 %

ramassette

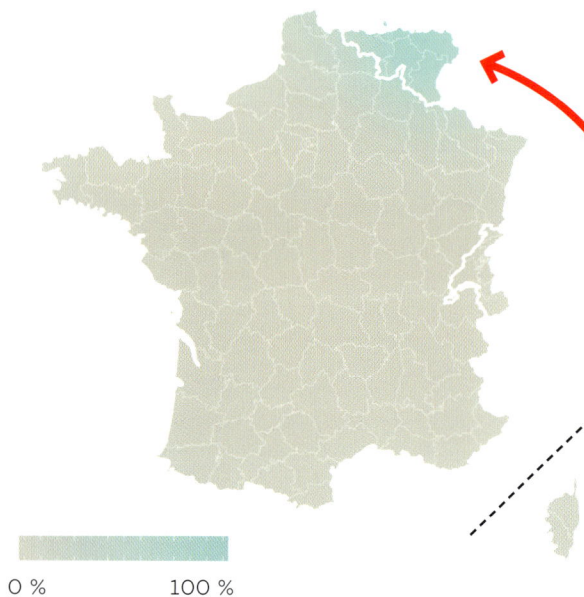

0 %　　　　100 %

En Suisse, la variante **ordurière** n'est pas connue au-delà des cantons de Berne et du Jura.

Dans le reste du pays, on utilise le terme **ramassoire**.

En Belgique, on a formé le substantif **ramassette**.

pelle-à-cheni

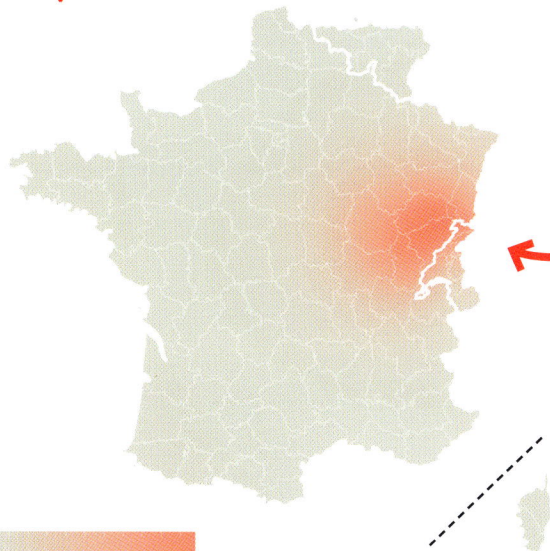

La variante **pelle-à-cheni** est connue en Franche-Comté ainsi que dans les cantons de l'Arc jurassien en Suisse romande (le mot **cheni**, qui signifie « détritus », est d'usage courant dans ces régions).

0 %   70 %

ramasse-bourrier

L'expression **ramasse-bourrier** est employée dans une petite partie du Centre-Ouest de l'Hexagone, sur une aire plus réduite que le mot **bourrier** (qui signifie « détritus, poussière », voir p. 79).

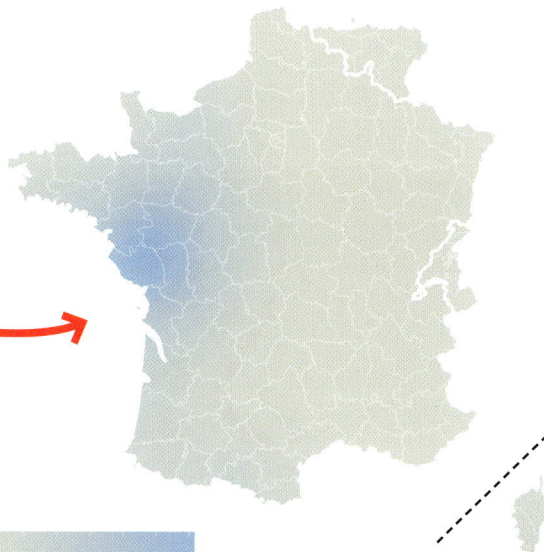

0 %   70 %

Comment désignez-vous le fruit du conifère ?

L'expression **pomme de pin** (ou **cône**) est connue de tous les locuteurs du français. Dans certaines régions toutefois, le terme côtoie des concurrents locaux, plus ou moins implantés. **Pigne** (et sa variante phonético-graphique) est connu sur une large partie sud et dans les départements du Centre-Ouest et du Centre-Est. En Normandie, on peut entendre le mot **sapinette**, alors que dans la région des Vosges, c'est le mot **cocotte** (parfois orthographié **cocote**) que l'on a relevé. En Suisse romande, de même que dans le département du Doux, c'est le mot **pive** qui s'est imposé (la variante **pivotte** est attestée dans quelques localités de Haute-Savoie).

Le saviez-vous ?

Le mot **cocotte** est également connu au Québec !

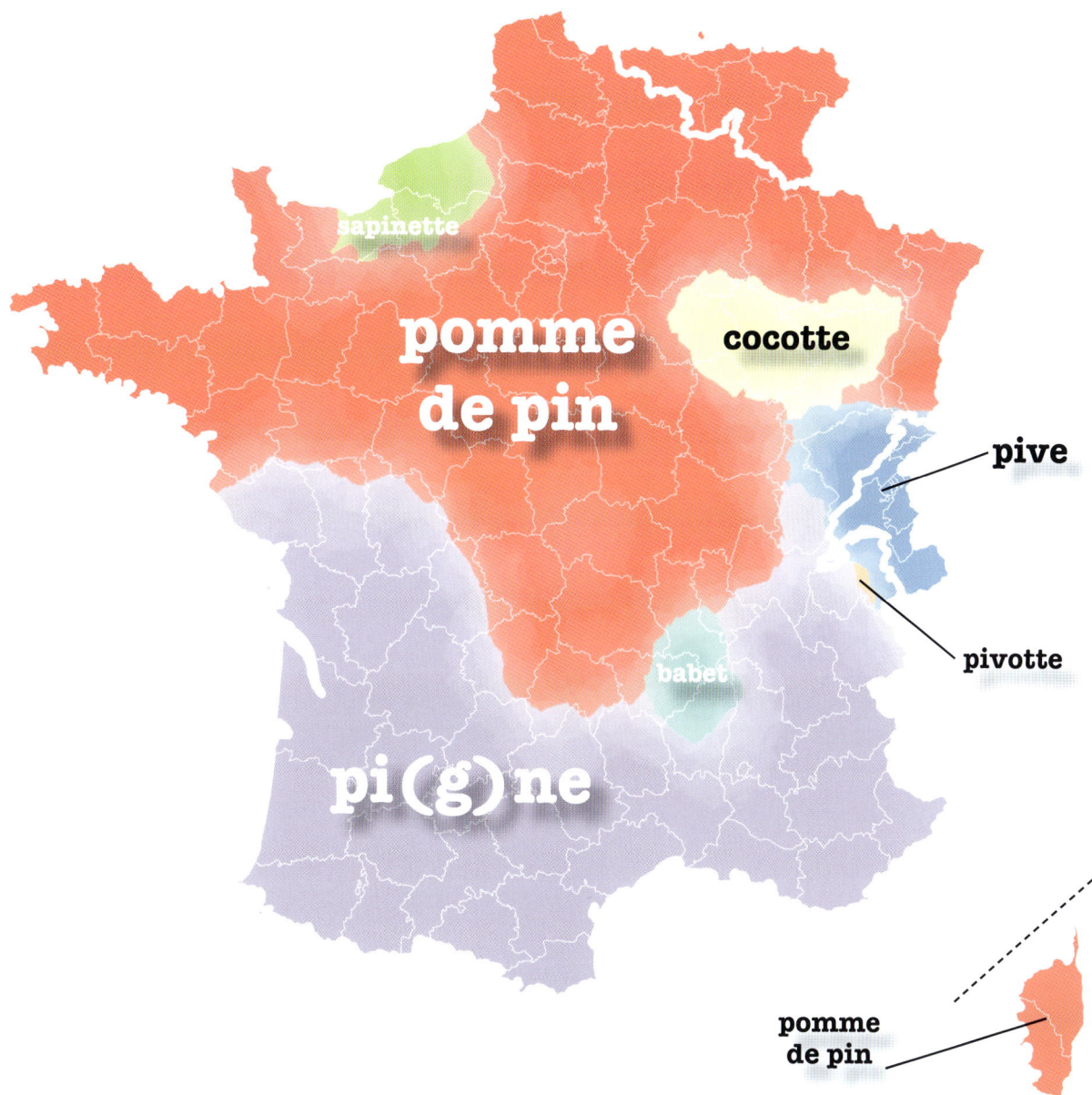

sapinette

pomme de pin

cocotte

pive

pivotte

babet

pi (g) ne

pomme de pin

Comment désignez-vous
ces baies ?

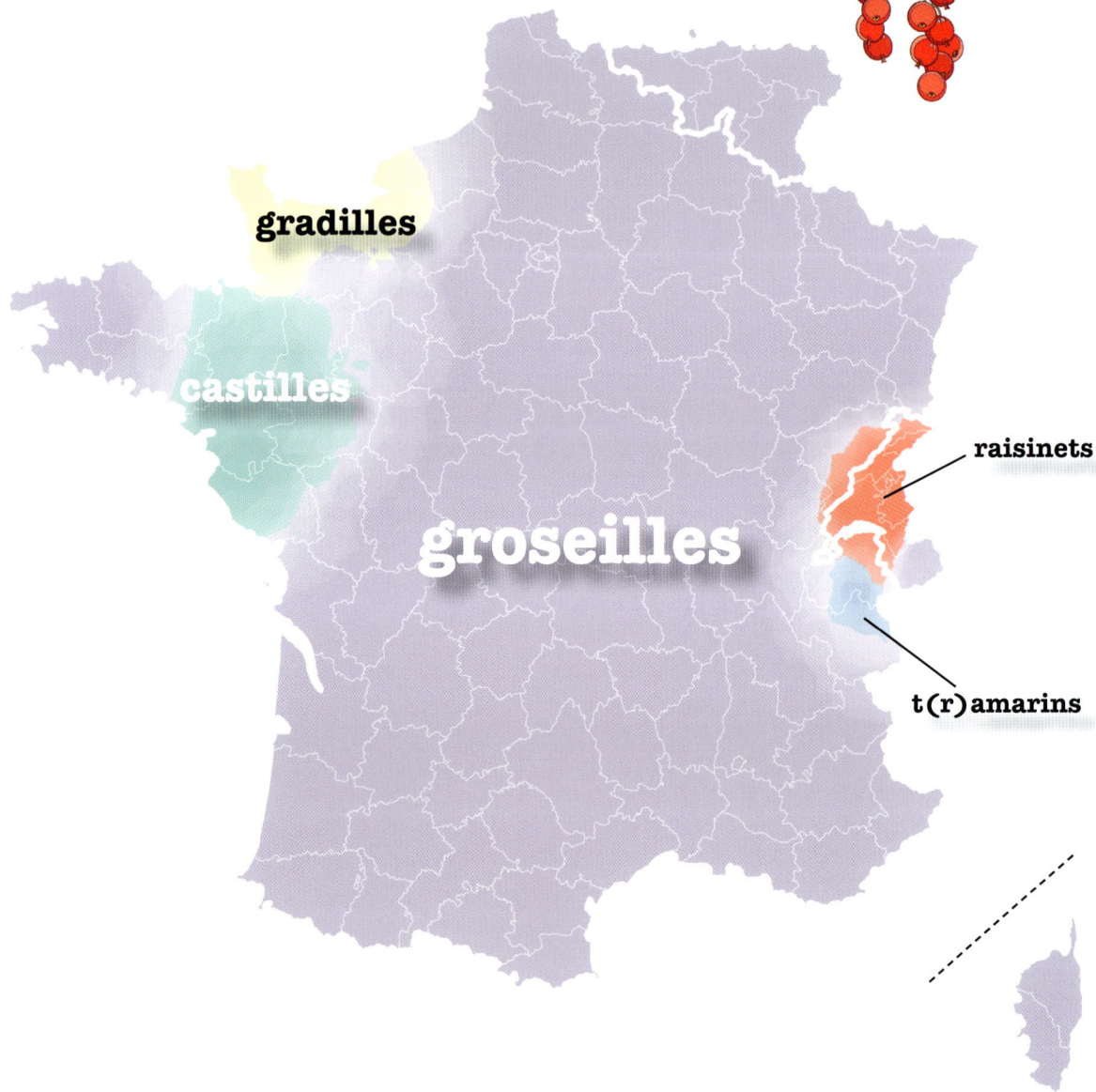

gradilles

castilles

groseilles

raisinets

t(r)amarins

Et celles-ci ?

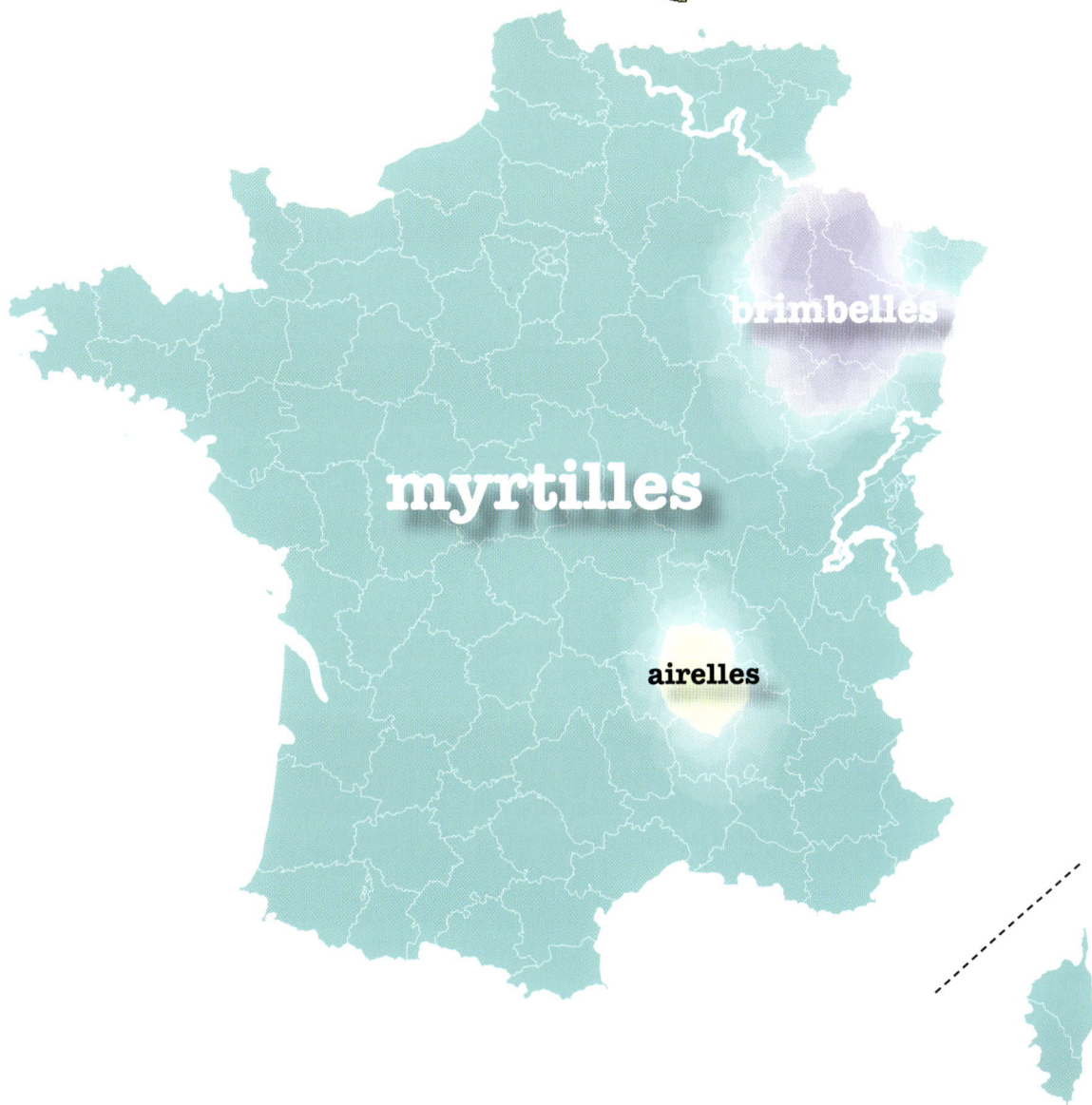

brimbelles

myrtilles

airelles

Comment désignez-vous cette plante verte potagère, que l'on déguste notamment en salade ?

La **mâche** (*valerianella locusta*) est l'une des plantes vertes potagères qui cumule l'un des plus grands nombres de dénominations en français. On dénombre pas moins d'une quinzaine de termes différents pour désigner cette espèce. En France, beaucoup de mots sont sur le point de disparaître, quand ça n'est pas déjà le cas. En cause : le déclin des marchés locaux au profit de la grande distribution, qui étiquette « mâche » les paquets de salade vendus sous vide et distribués sur l'ensemble du territoire. En Suisse, on la trouve dans les supermarchés vendue dans des paquets étiquetés **doucette** ou **rampon** ; en Belgique c'est l'expression **salade de blé** qui est la plus commune, quoiqu'on puisse rencontrer aussi celle de **mâche** dans les supermarchés où sont vendus des produits emballés en France.

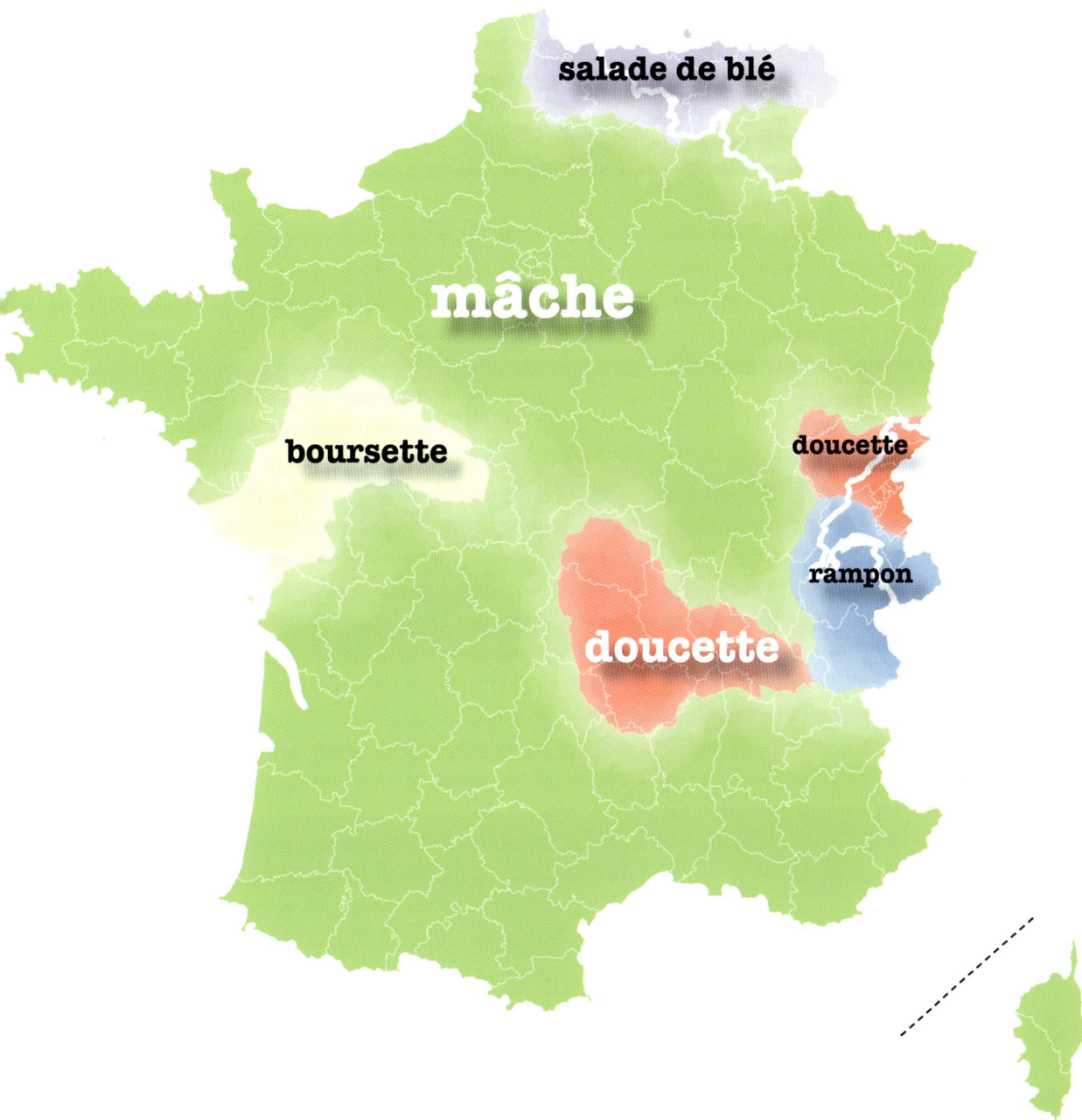

salade de blé

mâche

boursette

doucette

doucette

rampon

Le débat de société : pain au chocolat ou chocolatine ?

Souvenez-vous... C'était le 5 octobre 2012. En campagne pour prendre la tête de l'UMP, Jean-François Copé expliquait comprendre l'exaspération de ses concitoyens lorsqu'ils apprennent, « en rentrant du travail le soir », que « leur fils s'est fait arracher son pain au chocolat par des voyous qui lui expliquent qu'on ne mange pas pendant le ramadan ». Outre le tollé politique qu'a soulevé cette petite phrase, elle a été à l'origine de nombreuses querelles linguistiques sur les réseaux sociaux. Et la polémique n'est pas prête de prendre fin...

couque
au chocolat

petit pain
au chocolat

pain au
chocolat

croissant
au
chocolat

petit pain
au chocolat

chocolatine

pain au chocolat

Dans le Sud-Ouest de l'Hexagone, la variante **chocolatine** n'est pas concurrencée par **pain au chocolat**...

0 %   100 %

chocolatine

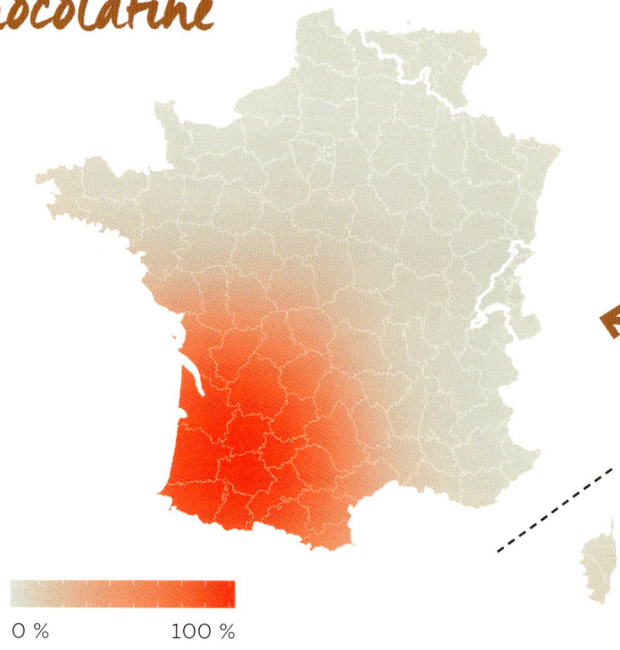

0 %   100 %

... contrairement à ce qu'on observe dans les régions à la périphérie de la francophonie d'Europe où les variantes **petit pain au chocolat, couque au chocolat** et **croissant au chocolat** sont employées.

couque au chocolat

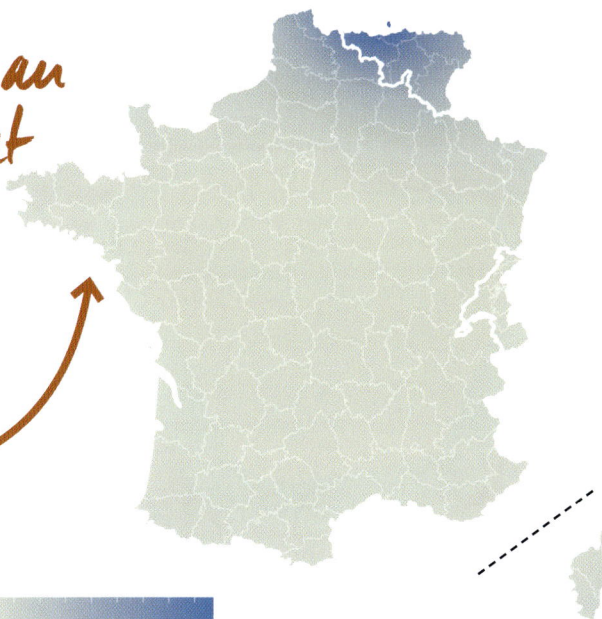

0 %   75 %

croissant au chocolat

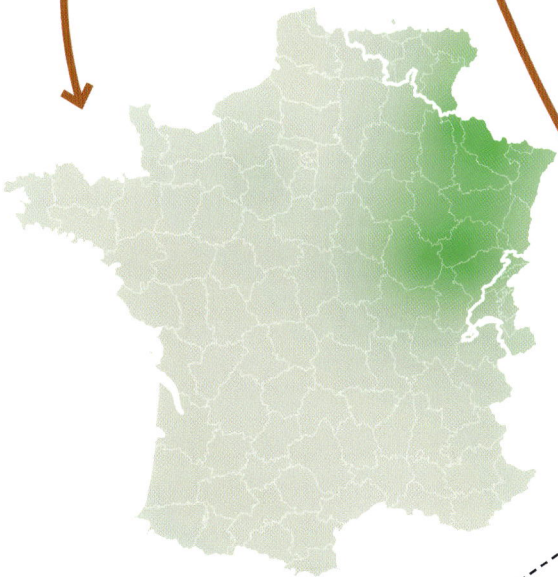

petit pain au chocolat

% 20 %

0 %   80 %

pain aux raisins et ses variantes

Moins médiatisée que le débat autour du **pain au chocolat**, la diversité des dénominations de la viennoiserie confite avec des raisins secs et de la crème pâtissière n'en est pas moins réelle !

couque
suisse

alsacienne

schnäcke

escargot

pain aux
raisins

pain
russe

Patron, une pinte ! Les appellations des verres à bière changent selon leur contenance, mais également selon les régions. Aujourd'hui en France, pour obtenir un verre de 50 cl de bière, il vous faudra commander un **sérieux** si vous vous trouvez dans le Centre-Est, un **baron** si vous êtes en Normandie ou en Champagne, un **distingué** si vous vous trouvez dans l'extrême Sud-Ouest de l'Hexagone et un **véritable** dans le Vaucluse.

En Belgique, il vous faudra demander une **cinquante**. En Suisse, le mot **cannette** survit à Fribourg (bien qu'il ne soit pas impossible de l'entendre ailleurs, notamment à Genève). Pour éviter les ambiguïtés, le plus simple c'est sans doute de demander une **pinte** ou une **grande bière** !

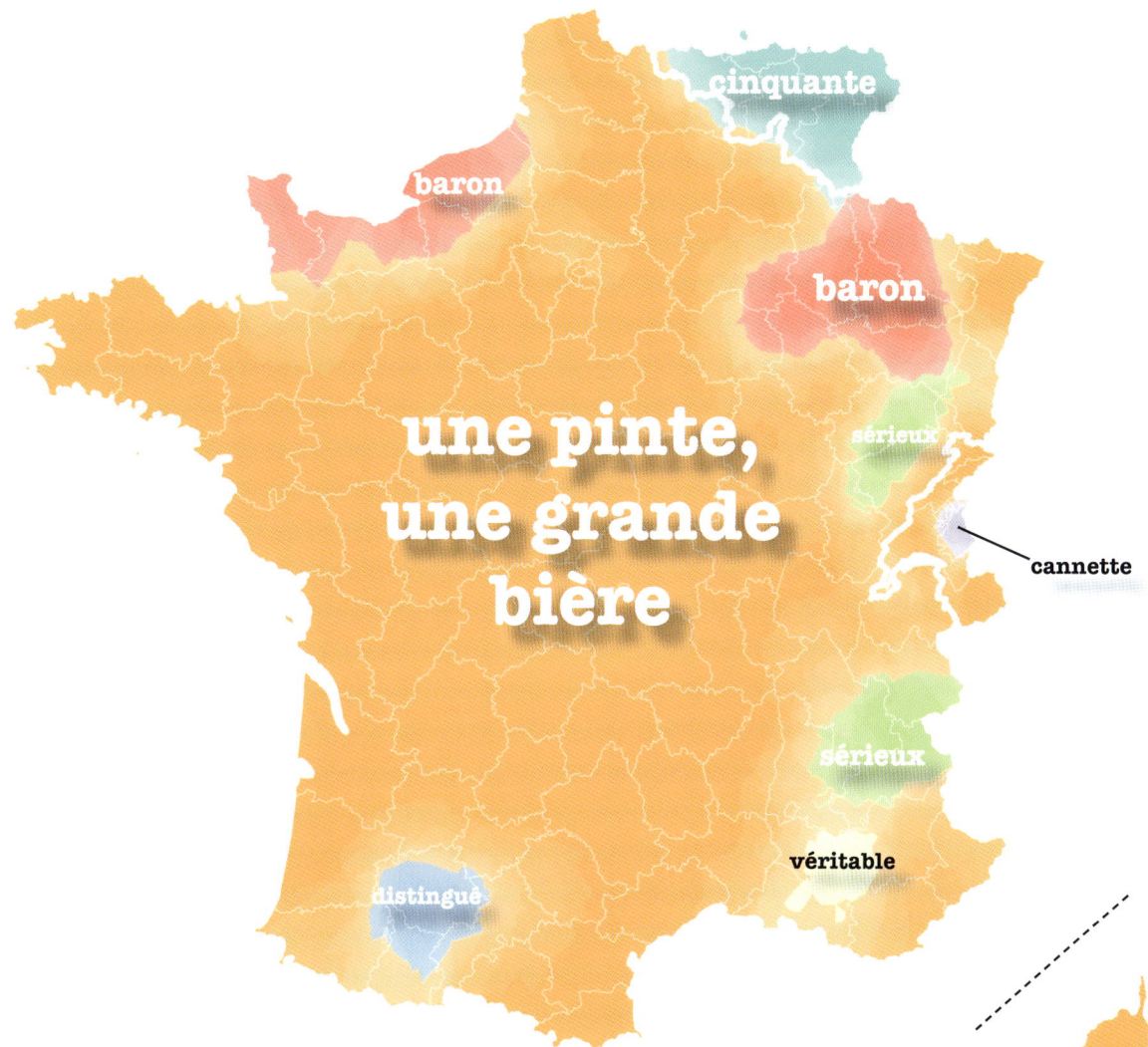

une pinte,
une grande
bière

cinquante

baron

baron

sérieux

cannette

sérieux

véritable

distingué

Combien de bises pour dire bonjour ?

Dans le Finistère comme en Belgique, la tradition veut que l'on ne fasse qu'une seule bise !

Dans certains départements de l'Hexagone, on fait quatre bises (mais cette tradition se perd au profit de l'usage dominant).

En Suisse romande comme dans certains départements d'un large quart sud-est de l'Hexagone, on fait trois bises.

- une
- deux
- trois
- quatre

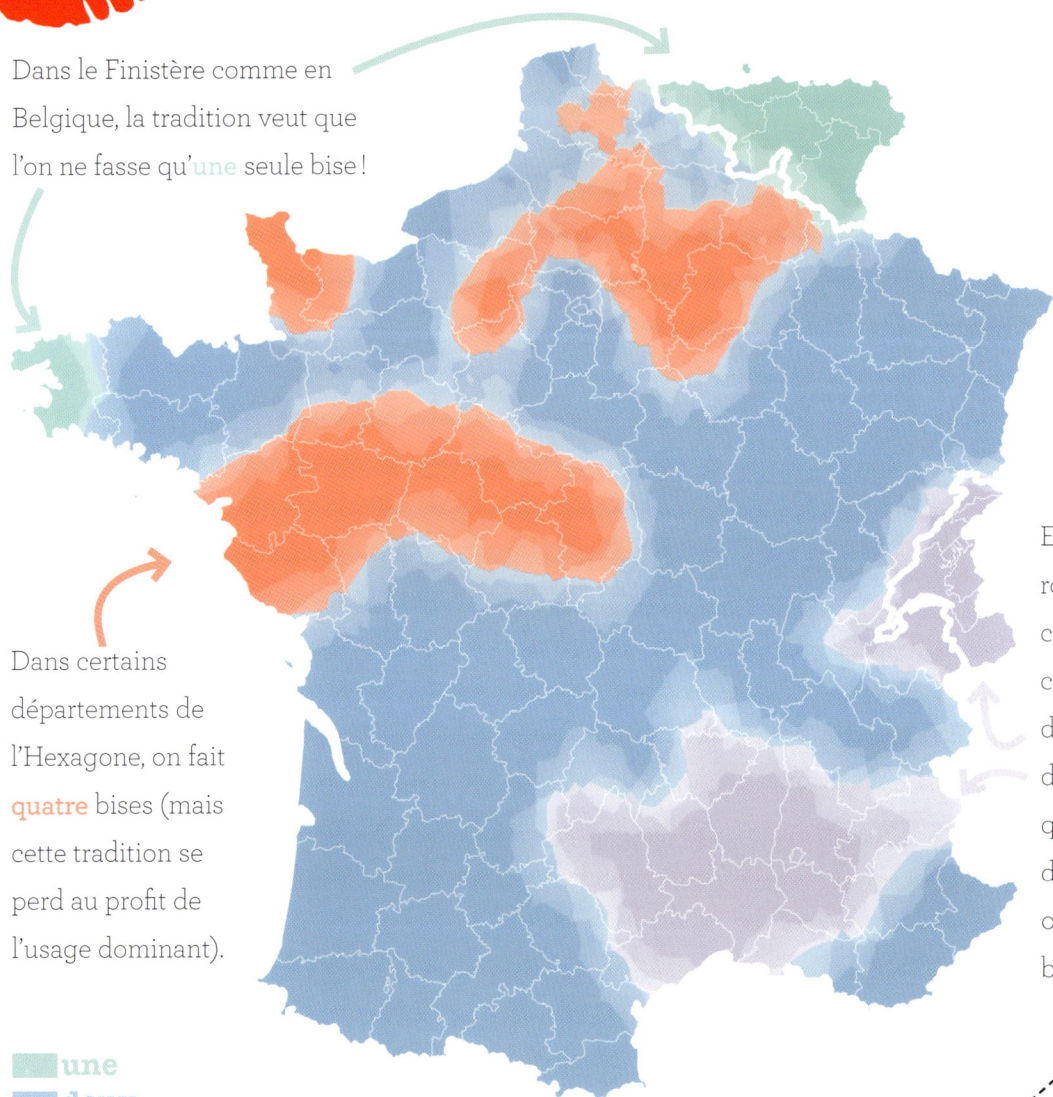

Dans la plupart des départements de France, il est courant de faire deux bises.

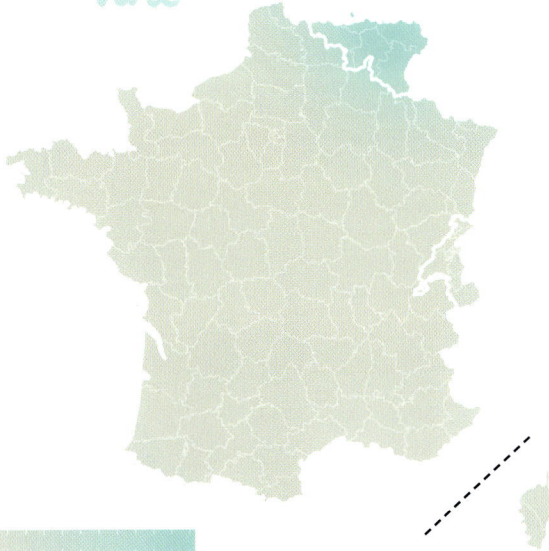

une

0 %   90 %

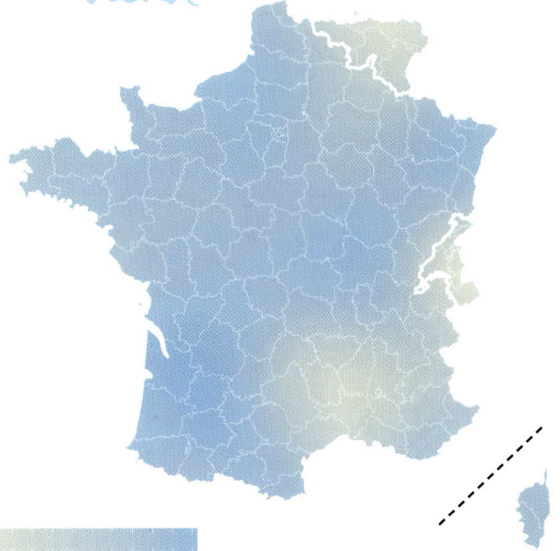

deux

0 %   100 %

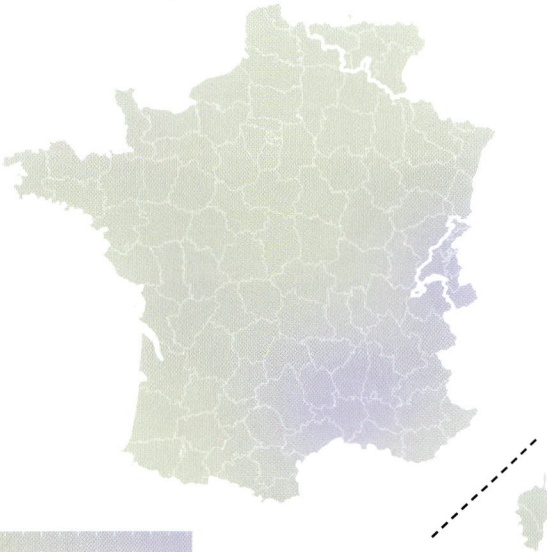

trois

0 %   100 %

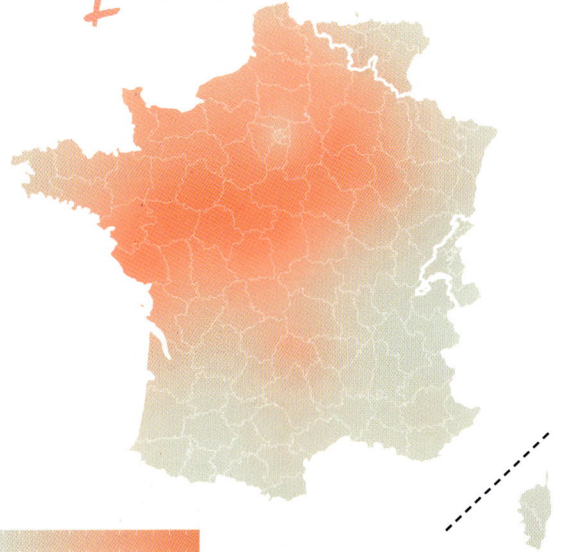

quatre

0 %   45 %

LES PRONON
DE NOS

CIATIONS

RÉGIONS

persil

La consonne finale
ne se prononce pas.

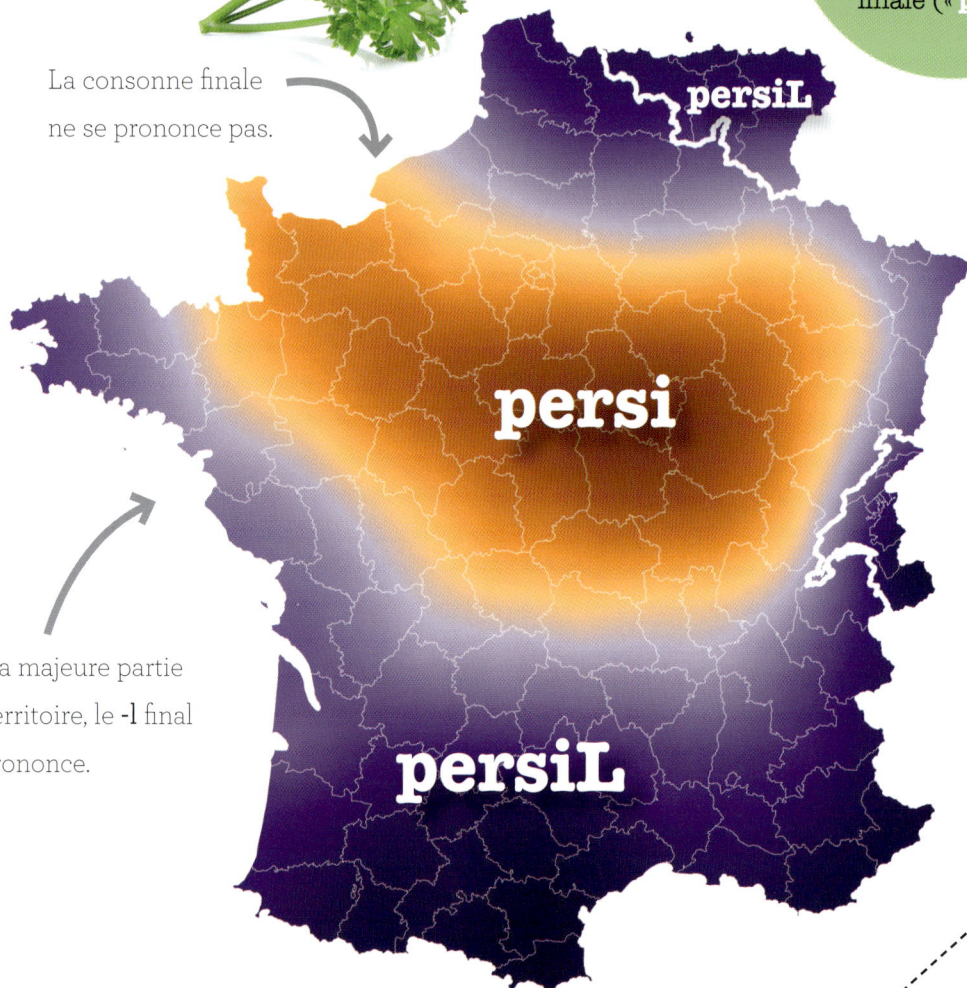

persiL

persi

Sur la majeure partie
du territoire, le **-l** final
se prononce.

persiL

persil

0 %   90 %

sourcil

En Belgique, il est rare que l'on prononce la consonne finale du mot **sourcil**.

sourci

sourciL

Bizarrerie

Les dictionnaires de grande consultation n'admettent que la prononciation sans consonne finale (« **sourci** »). C'est pourtant la prononciation la moins répandue sur le territoire !

0 %   70 %

Sur la majorité du territoire, on ne prononce pas la consonne finale du mot **moins**.

moins

moin

Dans le pays de la chocolatine (voir p. 32-35), on fait sonner (en particulier devant une pause) le **-s** final du mot **moins** !

moinS

En Provence, la prononciation du **-s** final peut être entendue, mais est moins répandue que dans le reste du Midi.

0 %   80 %

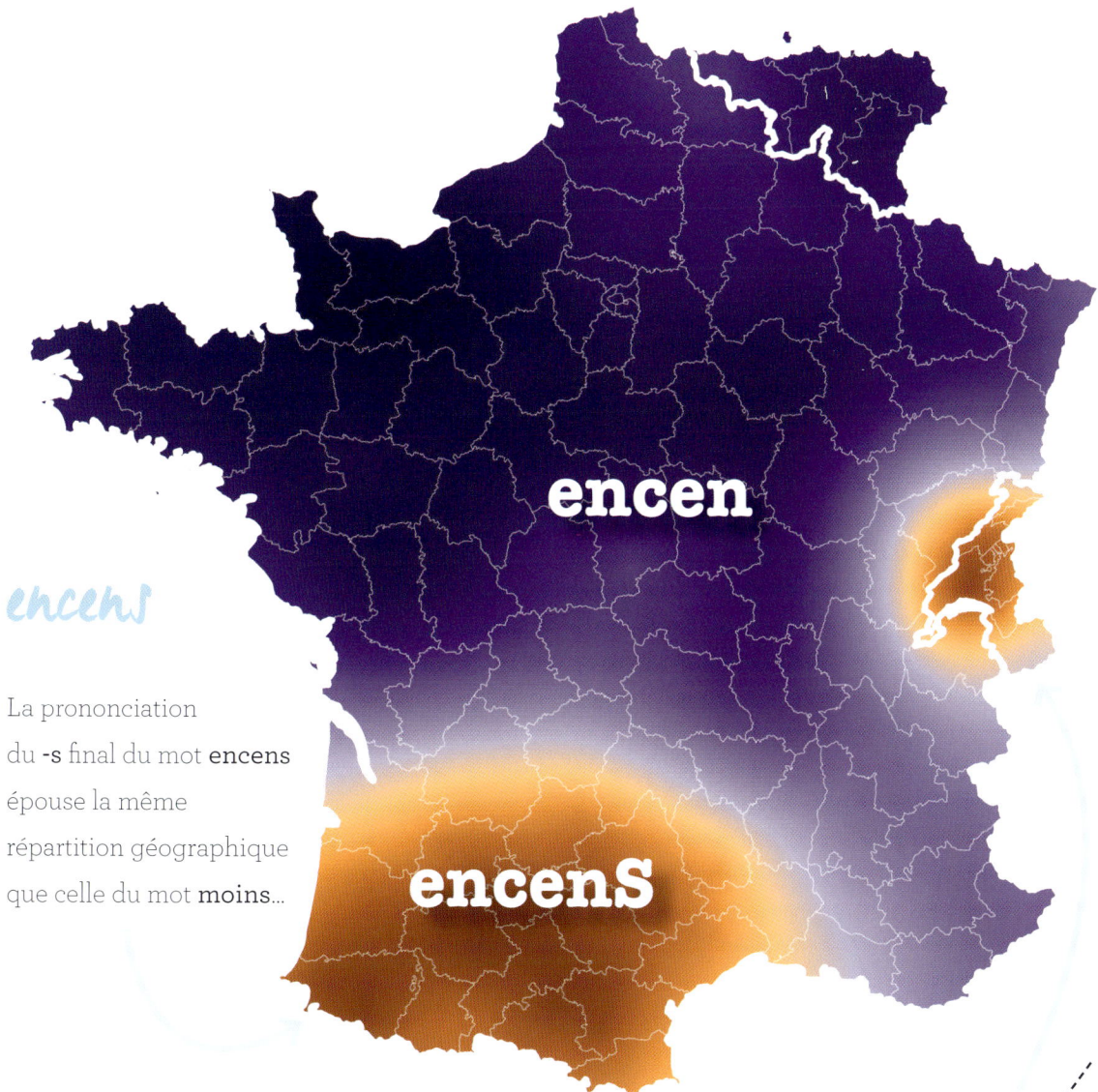

La prononciation
du **-s** final du mot **encens**
épouse la même
répartition géographique
que celle du mot **moins**...

... à l'exception de la Suisse
romande, où le fait de faire
entendre cette consonne
est banal.

0 %

80 %

vingt

En Belgique, en Suisse romande, mais aussi dans une grande partie du Nord-Est de l'Hexagone, la consonne finale du mot **vingt** se prononce devant une pause !

vinT

vin

Dans les diction- naires, le mot **vingt** rime avec le mot **vin**.

20 =

0 %   100 %

déficit Le mot **déficit** est synonyme de carence, de manque. Il est essentiellement employé dans le vocabulaire de la finance (une banque présente ou affiche un **déficit**). La non prononciation du **-t** final de ce mot est archaïque : elle jouissait naguère d'une vitalité plus grande en français, comme c'est le cas des mots **district** et **stand** (voir pp. 50 et 51). Aujourd'hui, cette prononciation ne survit plus qu'au pays des banquiers !

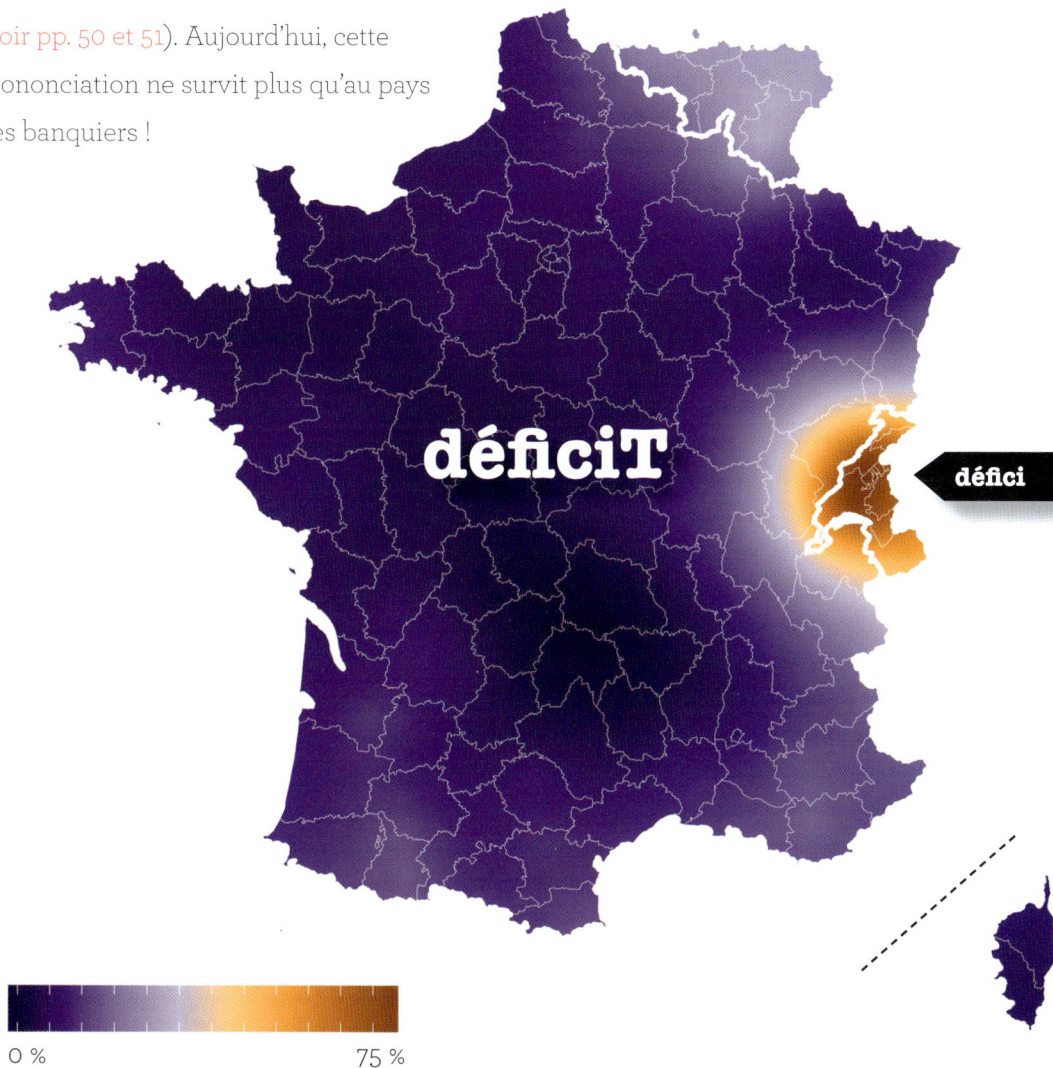

déficiT

défici

0 %
75 %

district La prononciation « distri » du mot **district** est enregistrée comme vieillie depuis le XVIIIᵉ siècle. Elle survit pourtant encore aujourd'hui en Suisse romande, dans une moindre mesure en Belgique et dans certains départements de la France. En France, les **districts** ont été remplacés par des arrondissements en 1800. En Belgique, le mot district s'emploie dans l'expression district provincial, qui désigne une circonscription électorale. En Suisse romande, un district est une subdivision territoriale intermédiaire entre la commune et le canton.

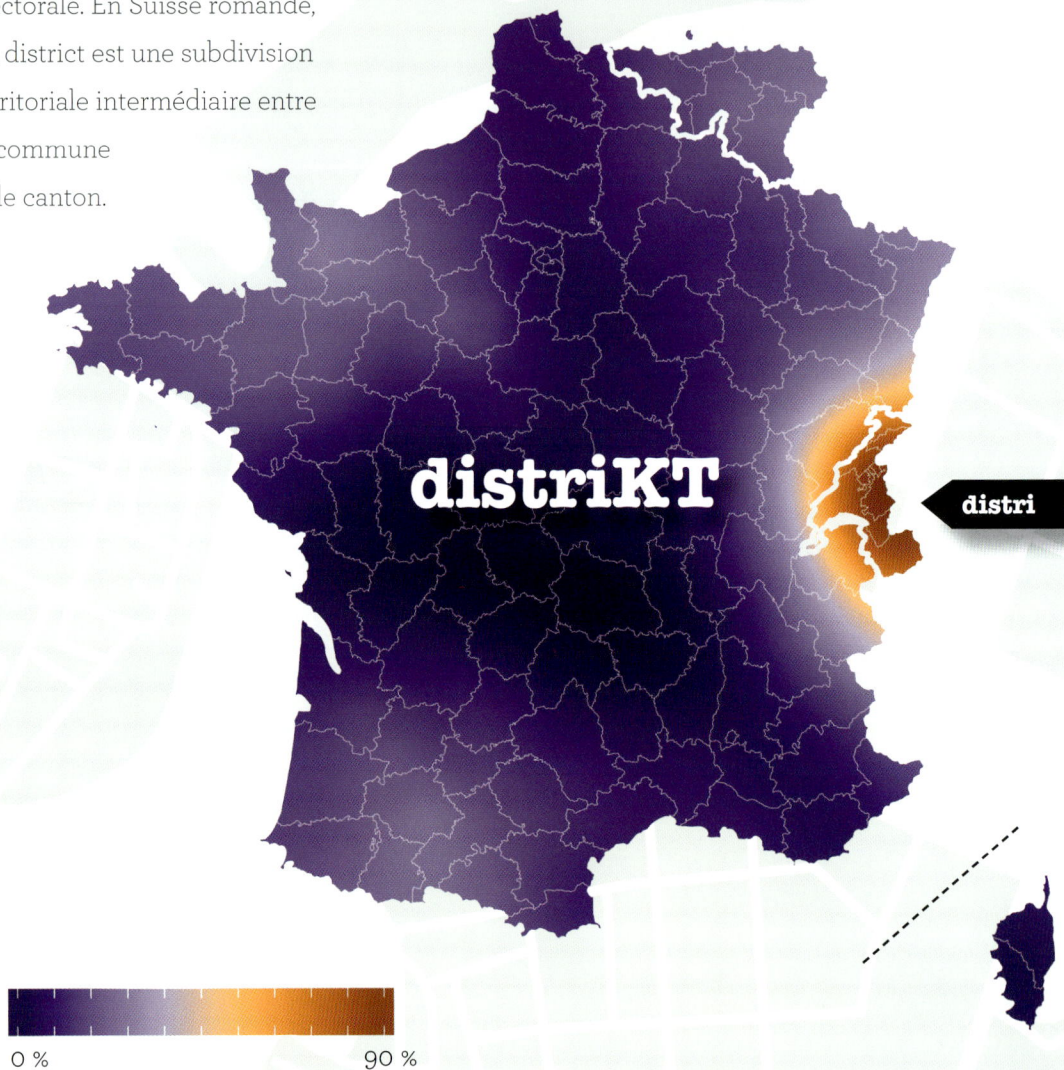

distriKT

distri

0 %   90 %

stand La prononciation du mot **stand** est relativement similaire à celle du mot **district** : la majorité des francophones d'Europe font entendre le **-d** final de ce mot. Il n'y a guère qu'en Suisse romande que la norme locale consiste à ne pas prononcer le **-d** final du mot **stand**.

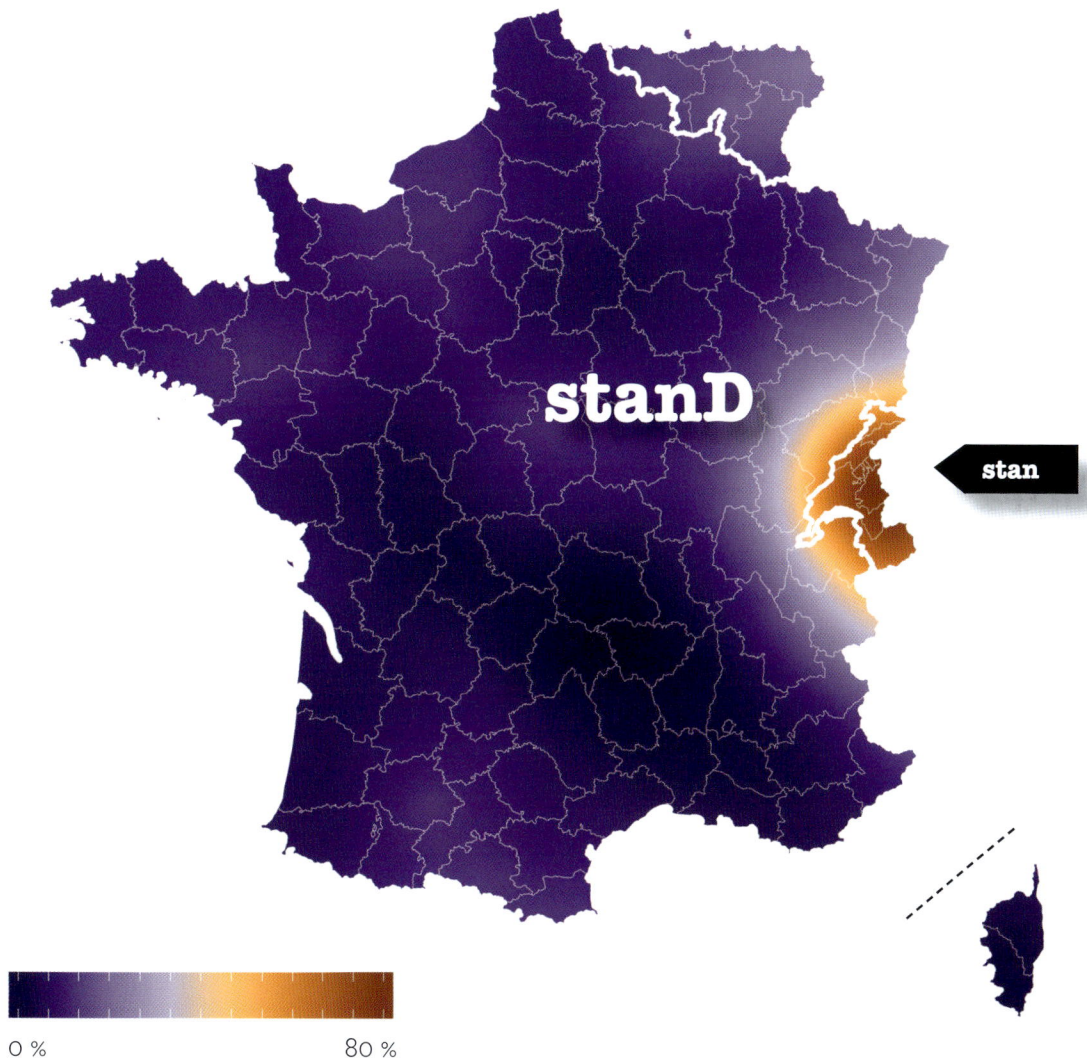

stanD

stan

0 %   80 %

Quand la variation n'est pas géographique

On a vu jusqu'à présent que, pour certains mots, la prononciation régionale ou non-majoritaire n'était pas forcément cantonnée à une aire géographique bien délimitable. Les cartes ci-contre montrent le pourcentage des participants à notre enquête ayant indiqué prononcer la consonne finale des mots **exact** et **août**. On peut voir en marron les régions où l'on ne prononce pas une telle consonne finale, et en violet celles où la prononciation est de rigueur. Les graphes accompagnant les cartes montrent que le fait de prononcer ou non la consonne n'est finalement pas tant une affaire de région que d'âge : on peut voir que plus on est âgé, plus la tendance veut que l'on ne prononce pas la consonne finale ; à l'inverse, plus on est jeune et plus on aura tendance à la prononcer.

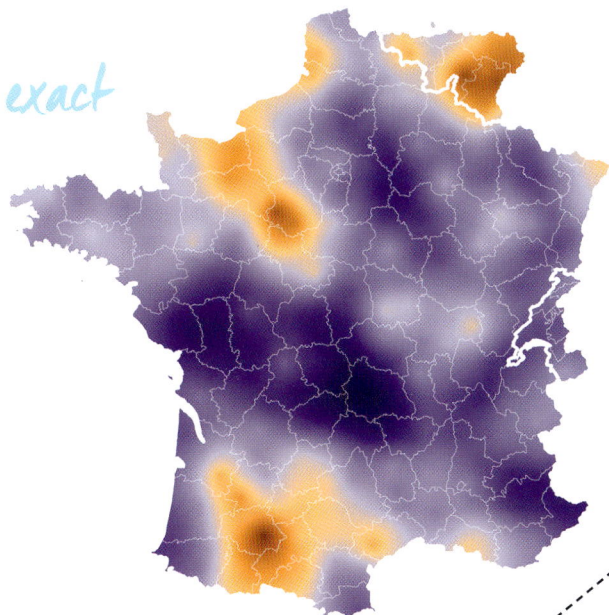

exact

0 %   30 %

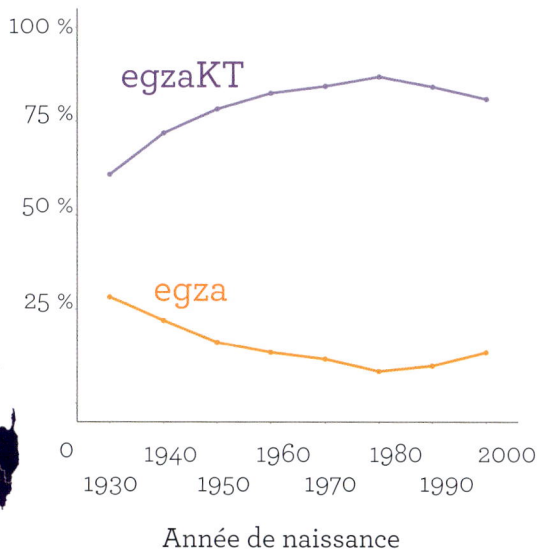

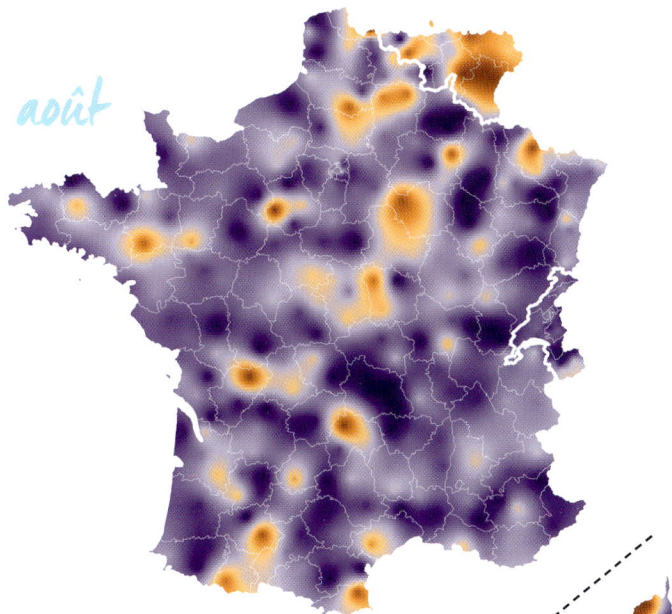

août

0 %   100 %

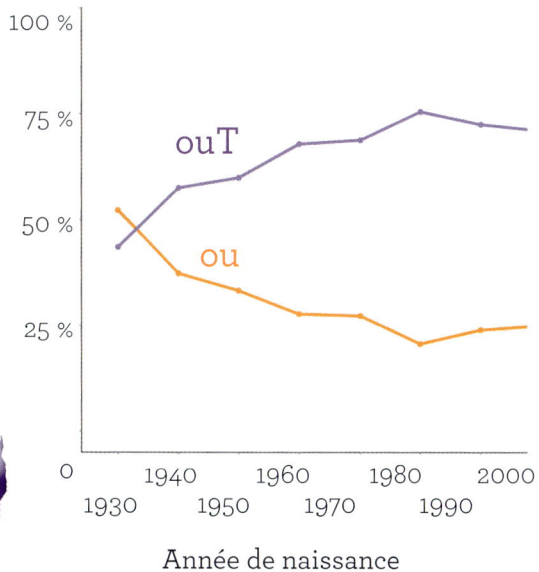

Comment prononcez-vous le mot « poulet » ?

La norme du français standard préconise que les mots se terminant par **-et** (comme **piquet** ou **poulet**) doivent se prononcer avec « è » ouvert (comme le « è » dans les mots **planète**, **comète**, **diète**, etc.).

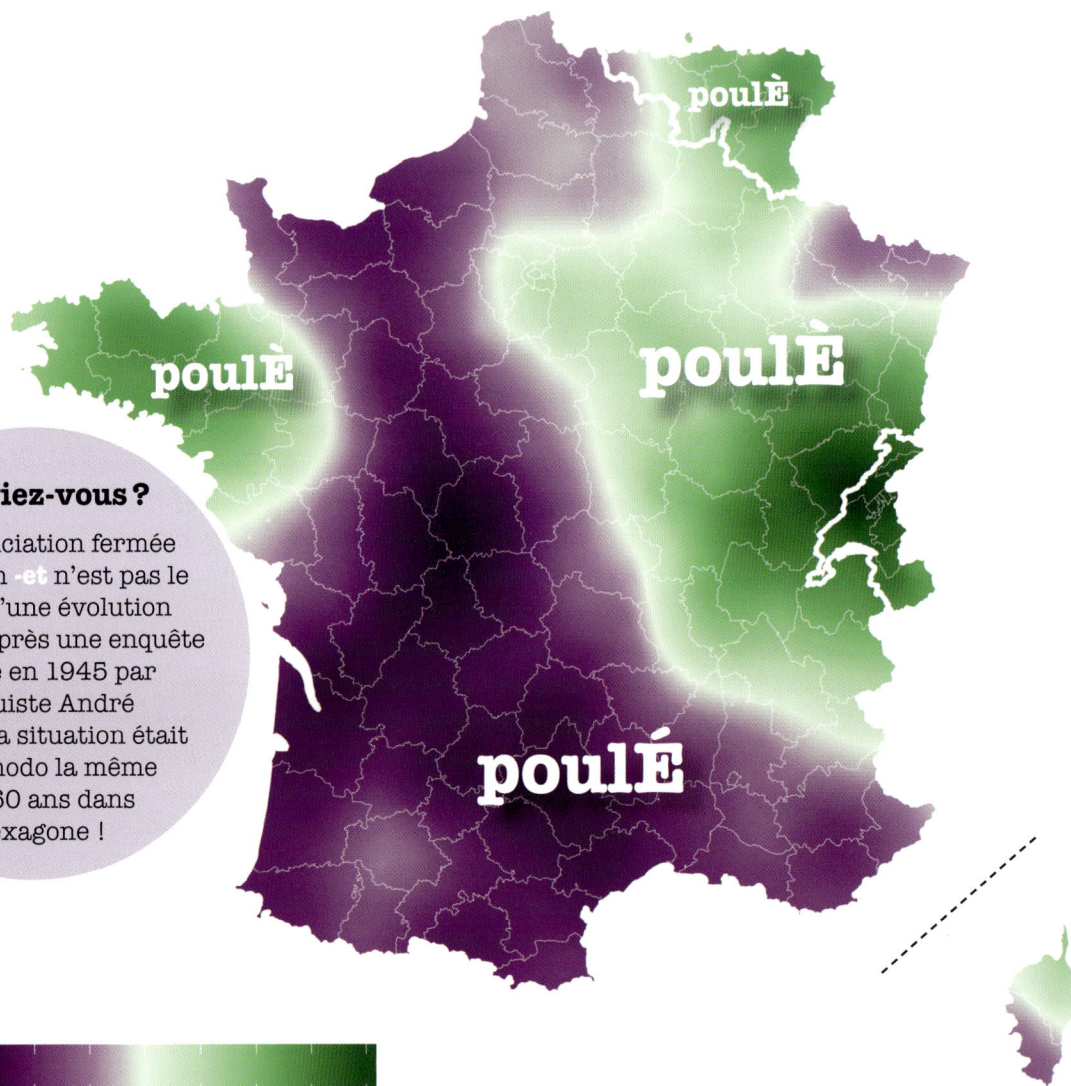

poulÈ

poulÈ

poulÈ

poulÉ

Le saviez-vous ?

La prononciation fermée des mots en **-et** n'est pas le résultat d'une évolution récente : d'après une enquête conduite en 1945 par le linguiste André Martinet, la situation était grosso modo la même il y a 60 ans dans l'Hexagone !

0 %   100 %

Dans votre usage « piquet » rime-t-il avec « piqué » ?

En France, beaucoup de locuteurs ne font pas la distinction, quand ils parlent, entre des mots comme **piquet** et **piqué** : ils prononcent les deux avec un « é » fermé (comme celui que contiennent les mots **gelé**, **léger**, **passé**, etc.).

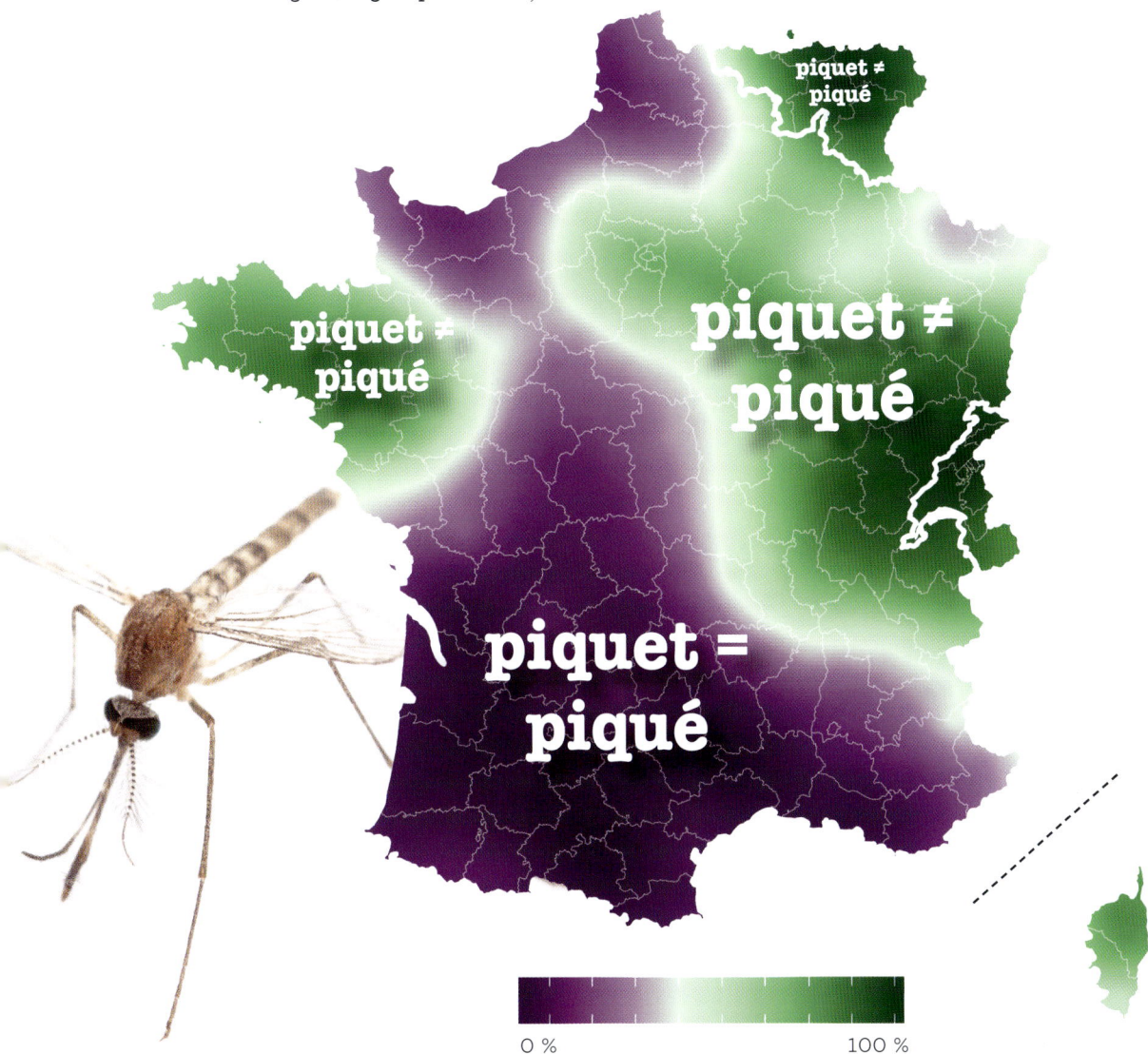

piquet ≠ piqué

piquet ≠ piqué

piquet ≠ piqué

piquet = piqué

0 %   100 %

Prononcez-vous de la même manière « brun » et « brin » ?

En français, la norme préconise de prononcer la voyelle des mots **brun** ou **emprunte** avec les lèvres arrondies, alors que la voyelle des mots **brin** ou **empreinte** doit se prononcer avec les lèvres étirées (comme dans l'interjection « Hein ? »).

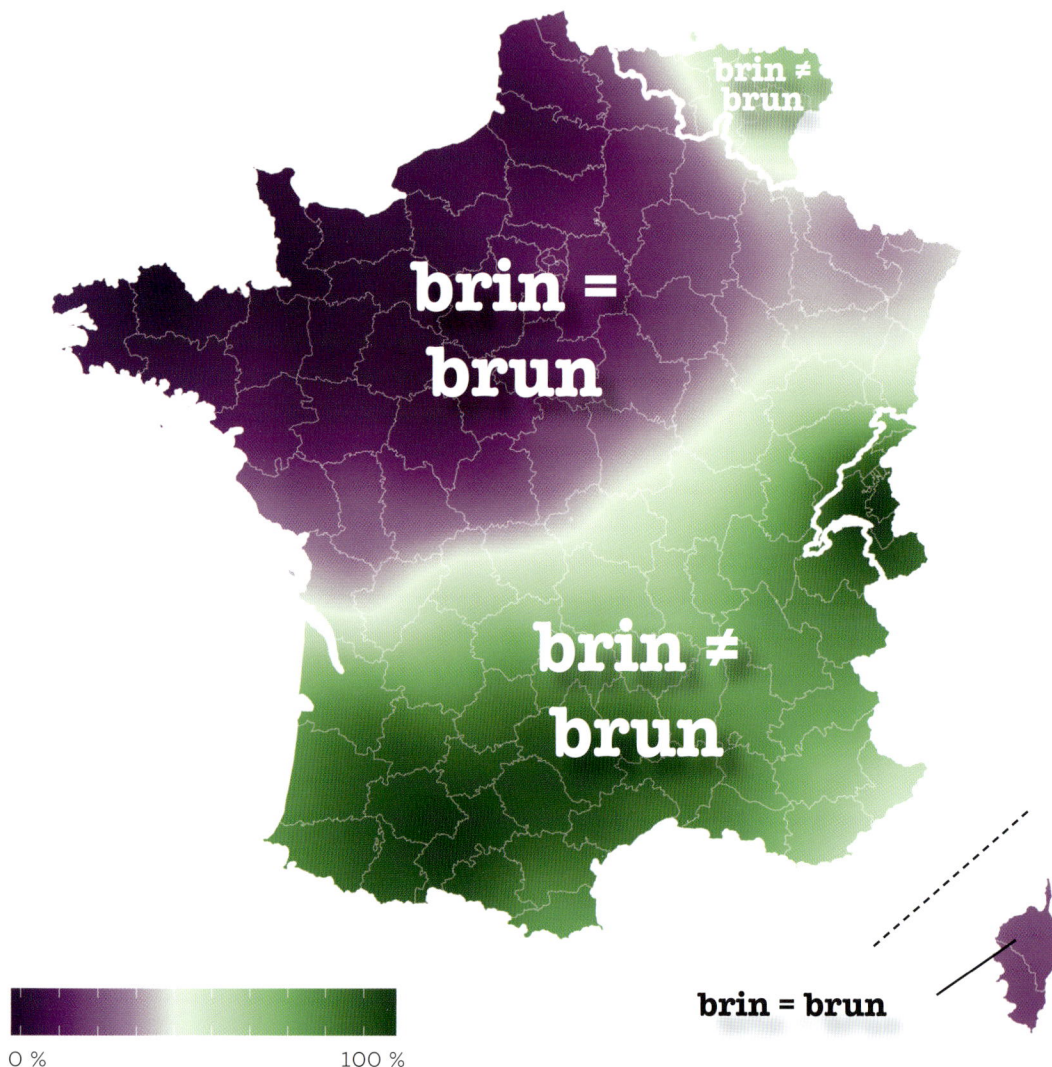

brin ≠ brun

brin = brun

brin ≠ brun

brin = brun

0 %   100 %

À l'oral, différenciez-vous « emprunte » et « empreinte » ?

La disparition de la distinction entre les sons « un » et « in » est annoncée depuis des décennies par les spécialistes de la prononciation du français. On voit pourtant qu'elle a encore de beaux jours devant elle, du moins dans les régions où elle survit !

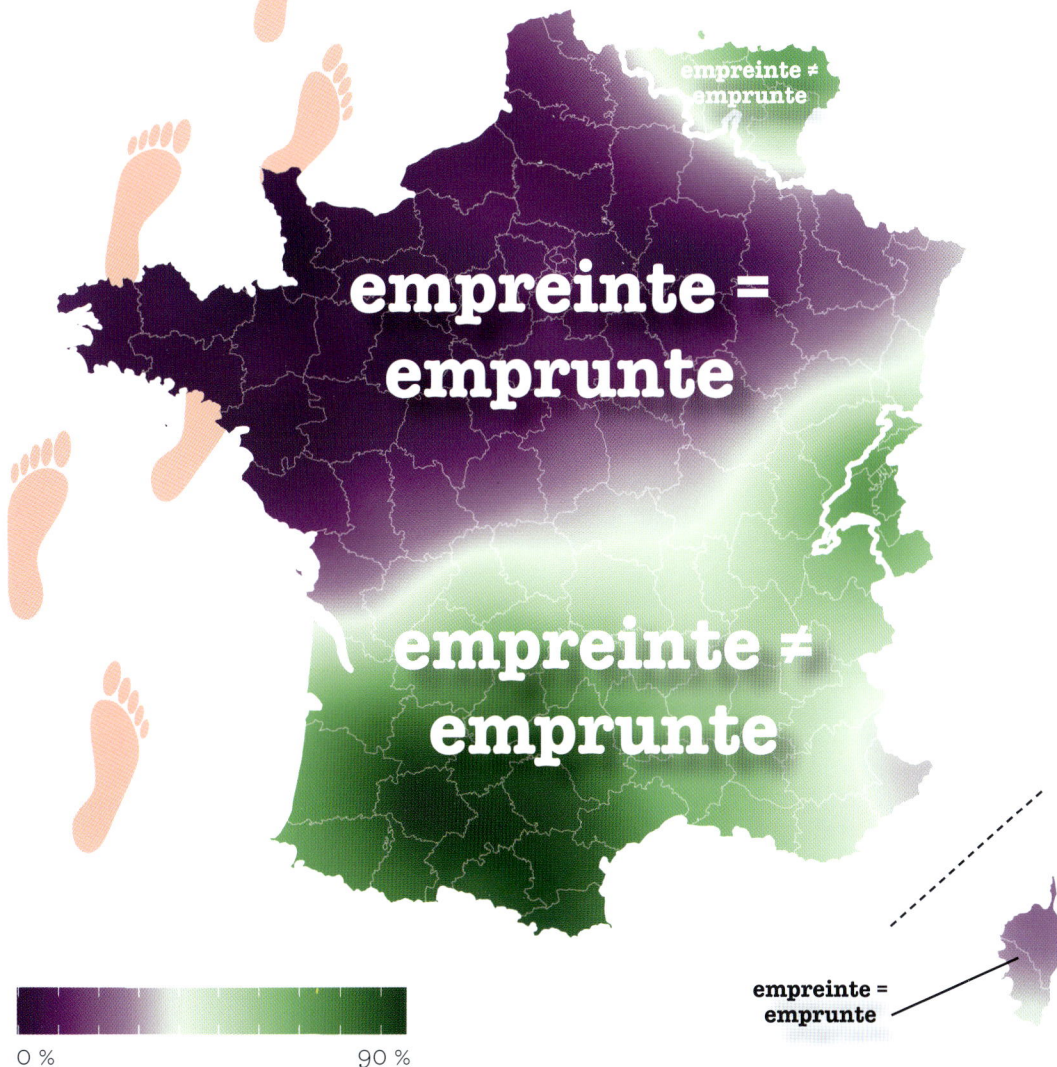

empreinte ≠ empreinte

empreinte = emprunte

empreinte ≠ emprunte

empreinte = emprunte

0 %   90 %

Le mot « saute » rime-t-il avec le mot « sotte » ?

La norme du français impose que l'on prononce le mot **saute** avec une voyelle fermée (comme dans le mot **chaud**), alors que dans le mot **sotte**, la voyelle est censée être ouverte (comme dans le mot **porte**).

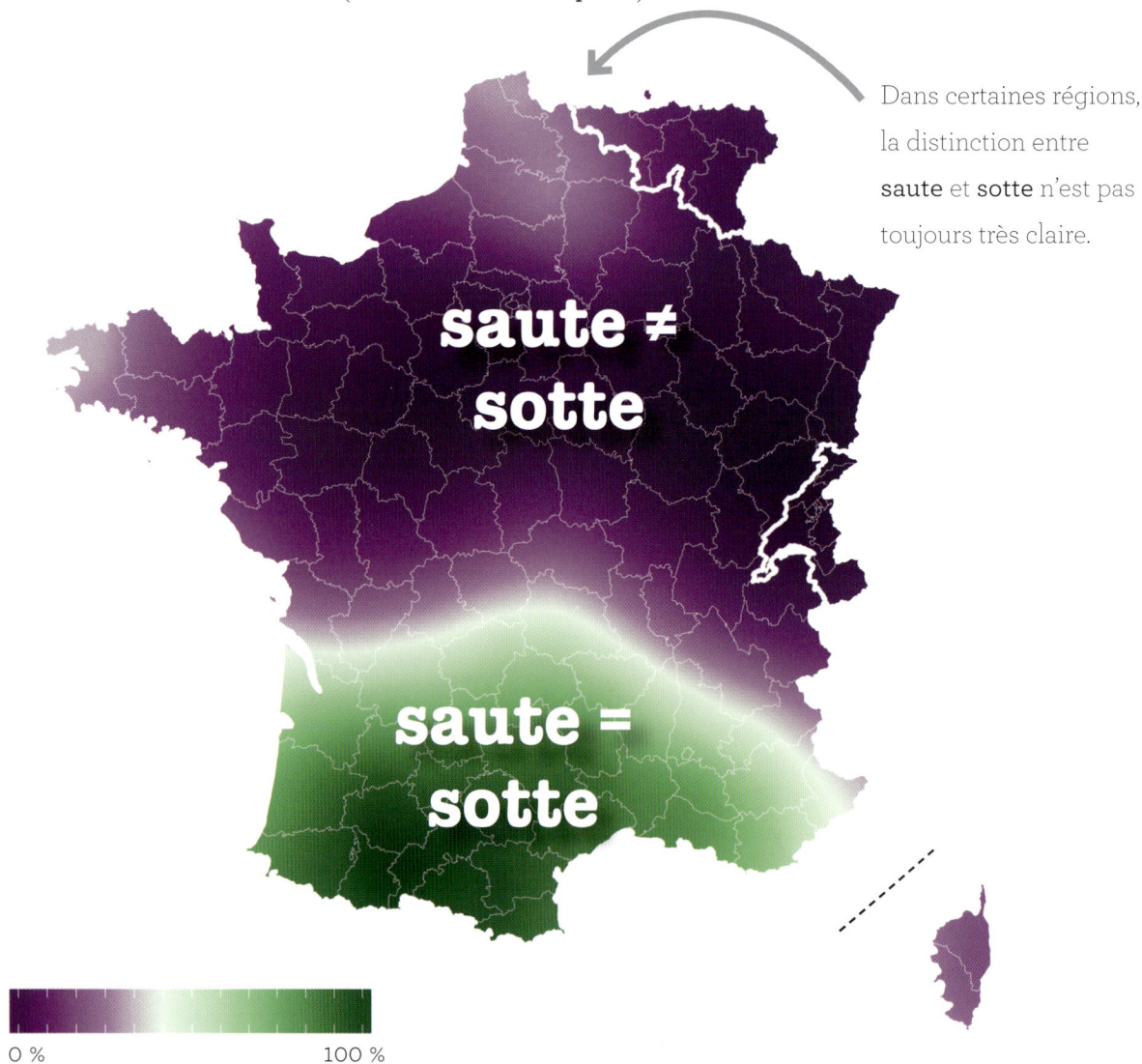

Dans certaines régions, la distinction entre **saute** et **sotte** n'est pas toujours très claire.

saute ≠ sotte

saute = sotte

0 %   100 %

Quid de « pot » et « peau » ?

Au début du XXᵉ siècle, il était encore courant de prononcer le mot **pot** (ainsi que tous les autres mots se terminant par **-ot**) avec une voyelle ouverte (comme dans le mot **fort**). Aujourd'hui, cette prononciation est tombée en désuétude sur une grande partie du territoire.

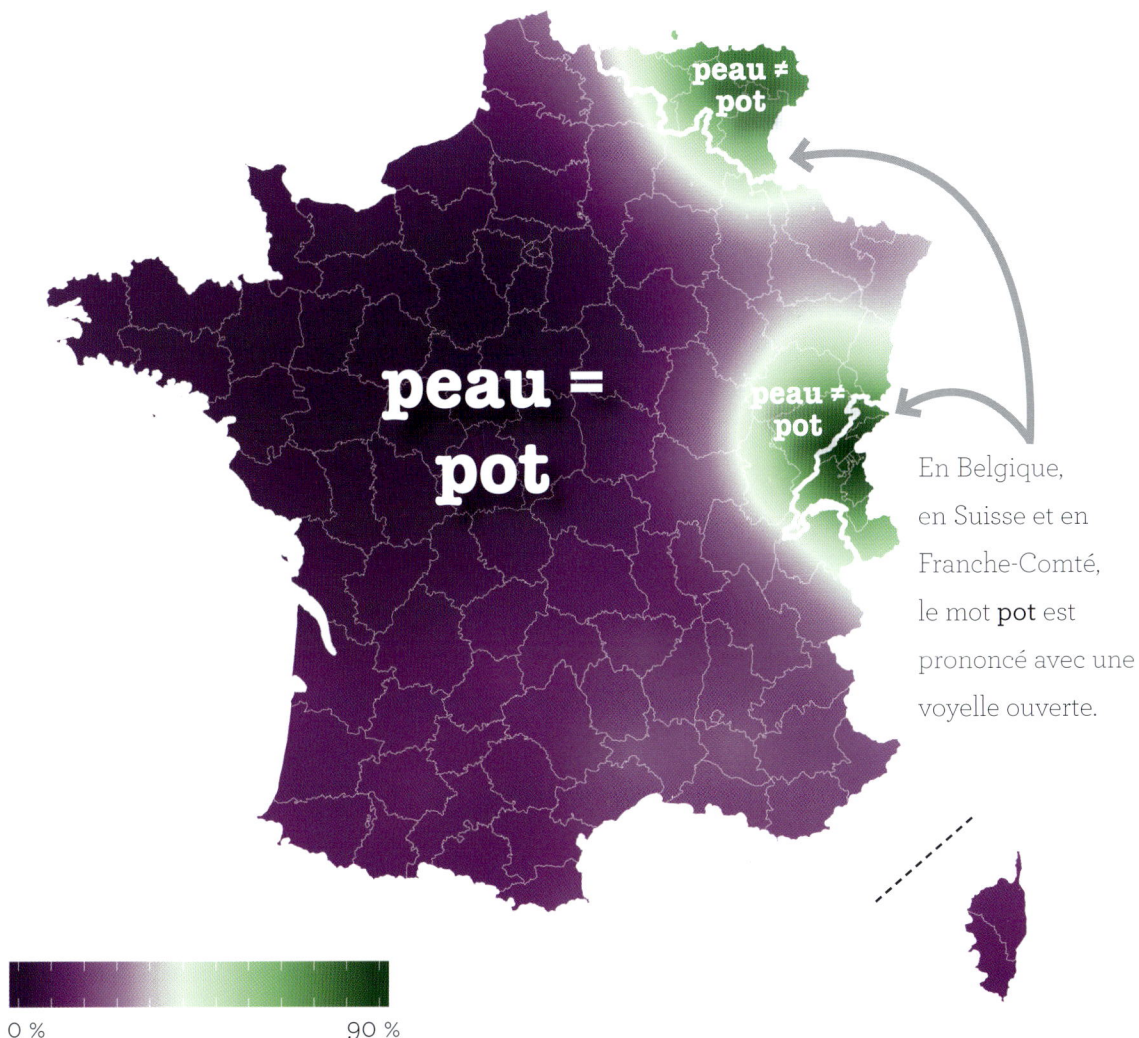

peau ≠ pot

peau = pot

peau ≠ pot

En Belgique, en Suisse et en Franche-Comté, le mot **pot** est prononcé avec une voyelle ouverte.

0 %   90 %

La voyelle du mot « jeûne » est-elle identique à celle du mot « deux » ou à celle du mot « neuf » ?

La norme du français préconise la prononciation d'une voyelle fermée (comme dans le mot **deux**) pour le mot **jeûne** (qui désigne l'action de ne pas manger), alors que cette même norme préconise une voyelle ouverte (comme dans **neuf**) pour le mot **jeune** (qui désigne une personne qui n'est pas âgée).

jeûne = neuf

jeûne = deux

jeûne = neuf

0 %   80 %

Et celle du mot « jeune » ?

Les dictionnaires de prononciation du français indiquent que le mot **jeune** est prononcé avec une voyelle ouverte (comme dans le mot **neuf**), et que ce mot s'oppose, sur le plan de la prononciation, au mot **jeûne**, qui se prononce avec une voyelle fermée (comme dans le mot **deux**).

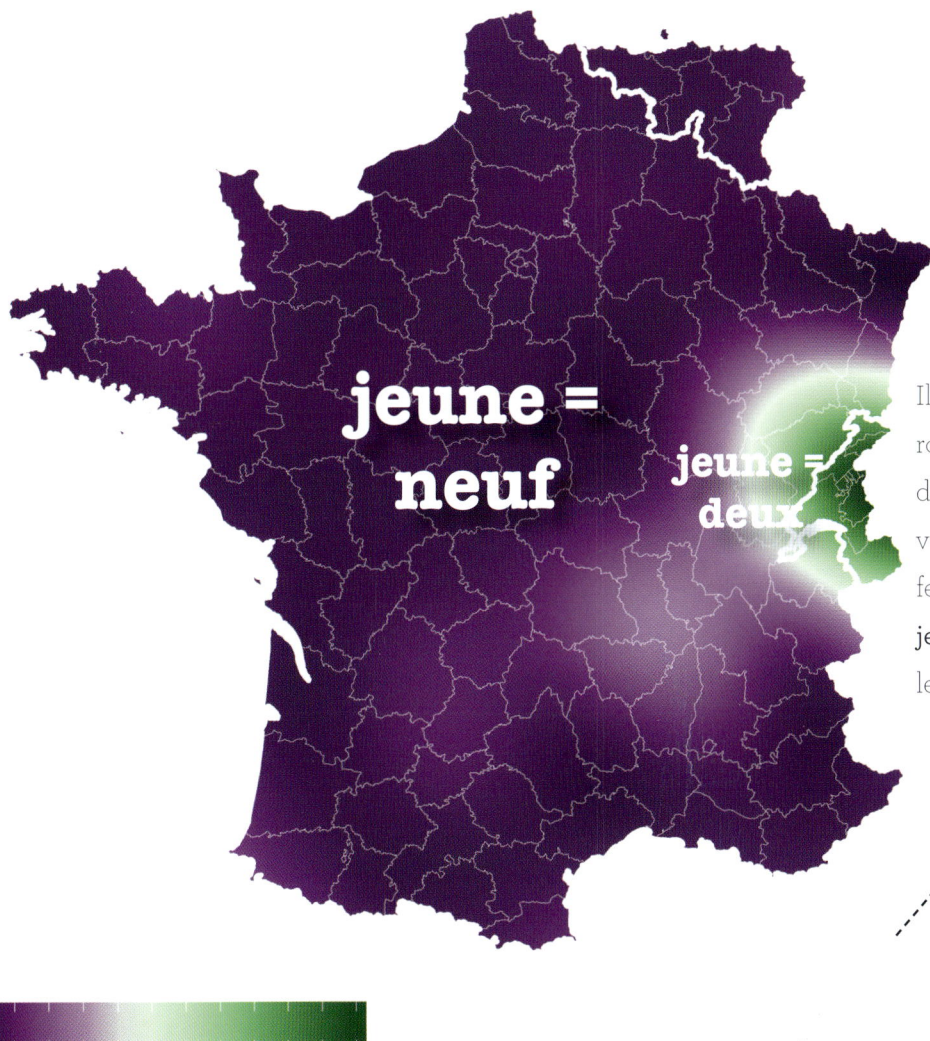

jeune = neuf

jeune = deux

Il n'y a qu'en Suisse romande et dans les départements français voisins que l'on tend à fermer la voyelle du mot **jeune** (il rime ici avec le mot **jeûne**).

0 %　　　　　　　70 %

Prononcez-vous de la même façon le mot « ami » et le mot « amie » ?

Au début du XXe siècle, il était encore courant d'opposer à l'oral des mots comme **ami** et **amie**, le premier étant prononcé avec une voyelle brève et le second avec une voyelle longue. Cette habitude de prononciation a largement disparu de nos jours, à part en Suisse et en Belgique, où elle se maintient avec une certaine vitalité.

ami ≠ amie

ami = amie

0 %   90 %

Qu'en est-il de « patte » et « pâte » ?

La norme du français signale que la prononciation du mot **pâte** se fait avec un **a** dit postérieur (c'est-à-dire prononcé à l'arrière de la bouche), alors que celle du mot **patte** se fait avec un **a** dit antérieur (c'est-à-dire prononcé à l'avant de la bouche). La distinction entre ces deux **a** est souvent accompagnée d'un allongement (le **a** de **pâte** est plus long que celui de **patte**).

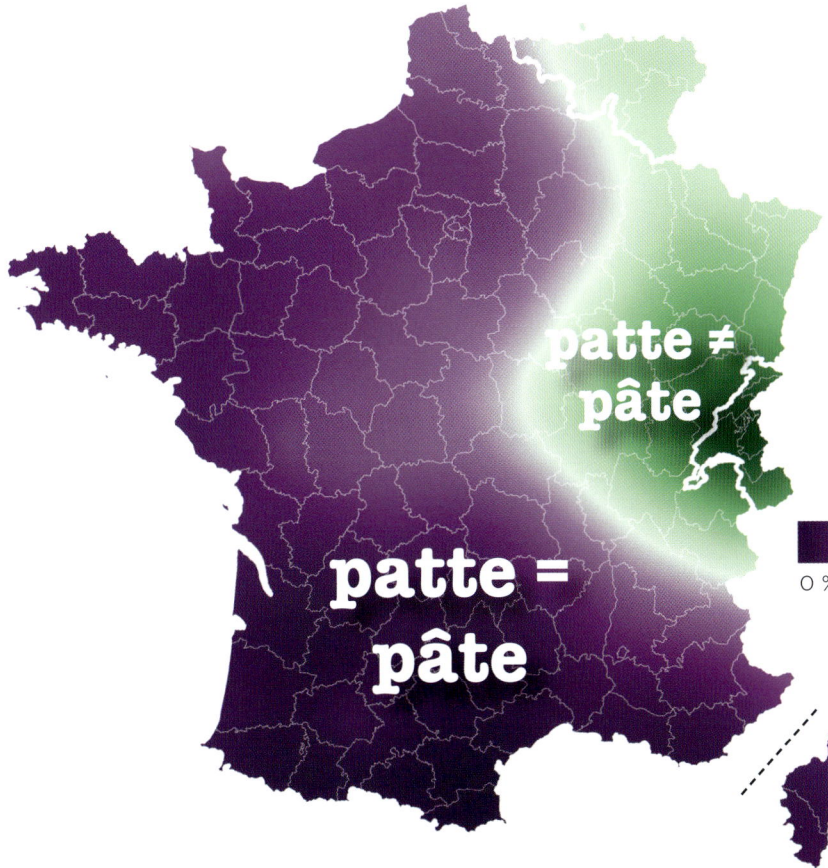

patte ≠ pâte

patte = pâte

La région où les locuteurs font encore l'opposition entre **pâte** et **patte** correspond grosso modo à celle où les locuteurs prononcent la consonne finale du mot **vingt** devant une pause (voir p. 48).

0 %   90 %

p(e)neu Dans le Midi de la France, c'est bien connu, la plupart des **e** potentiellement muets – d'après les règles du français standard – se font entendre. Parfois, les Méridionaux ajoutent des **e** qui n'existent pourtant pas à l'écrit, comme c'est le cas dans le mot **pneu** !

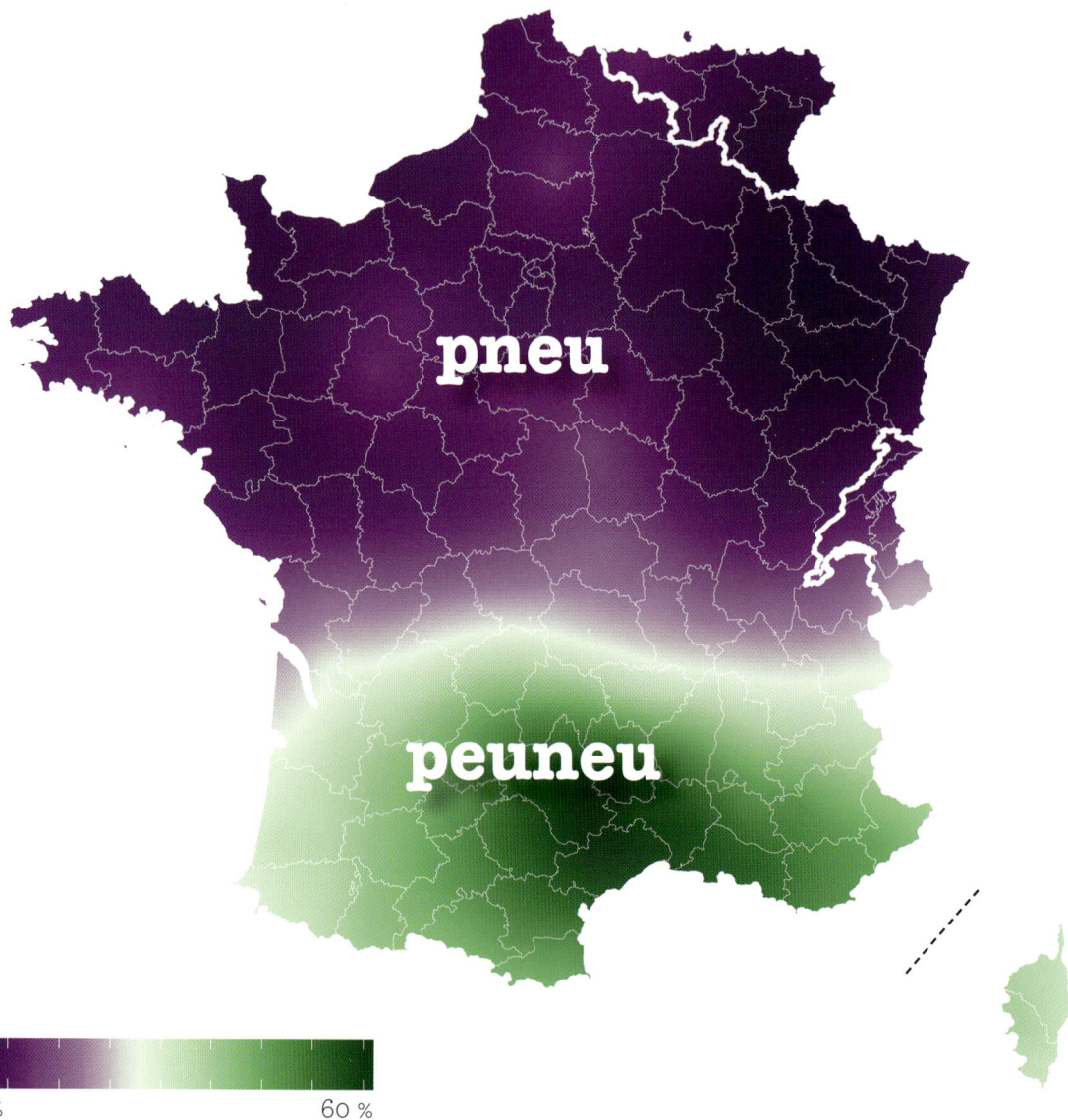

pneu

peuneu

0 %   60 %

r(e)nard Au contraire de ce que l'on observe dans le Sud de la France, les locuteurs du Centre-Est de la francophonie d'Europe sont de grands avaleurs de e muets, et ne ressentent aucun problème à ne pas prononcer cette voyelle dans des contextes où le français standard stipule qu'elle est obligatoire !

r'nar

reunar

0 %   75 %

LES MOTS

GRAND

DU

OUEST

débaucher Le verbe **débaucher** est d'usage courant en français : **débaucher quelqu'un**, c'est le pousser à faire des activités peu catholiques. Dans la bouche des francophones de l'Ouest de l'Hexagone, **débaucher** prend également le sens de « sortir du travail » : « Quand ils débauchaient le jeudi, ils allaient boire un verre ». Pour dire que l'on commence le travail, on emploie le verbe **embaucher**.

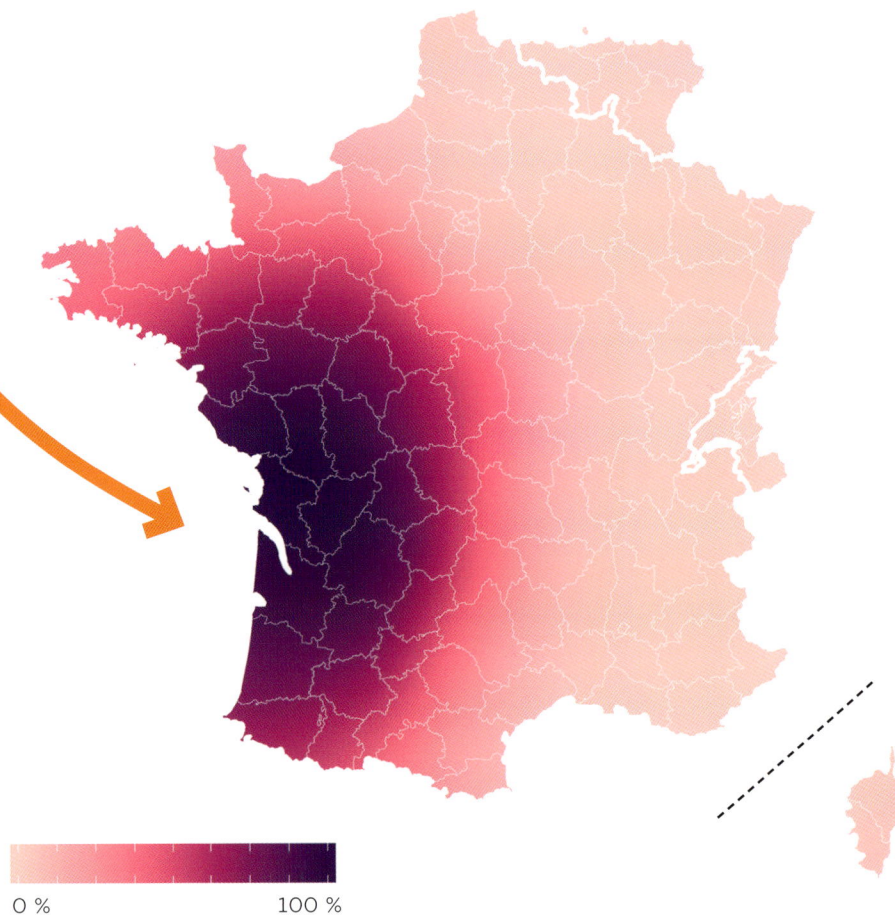

0 %   100 %

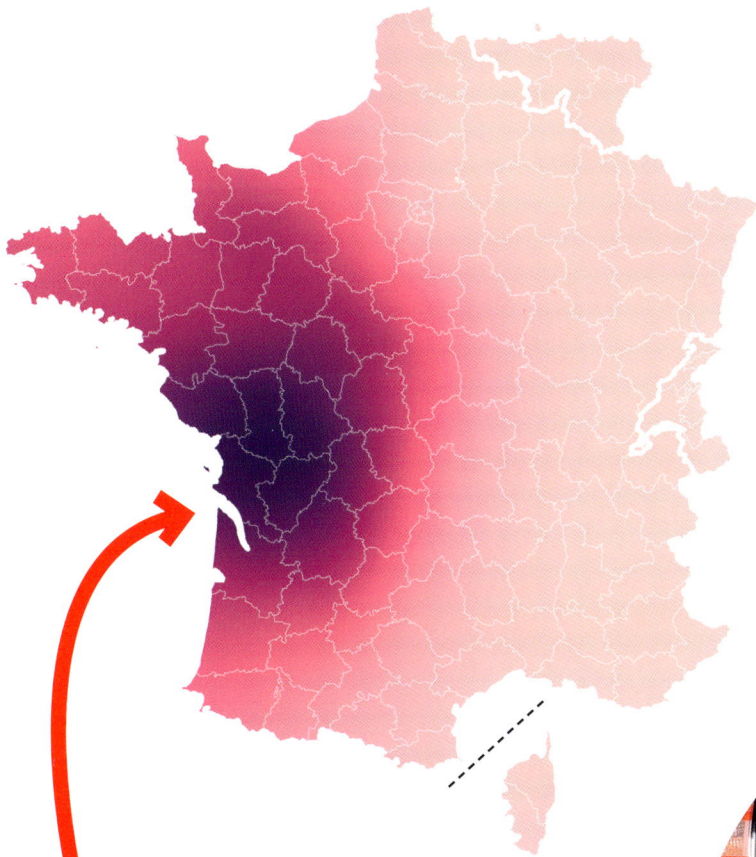

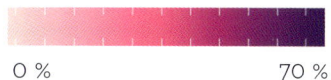

ça loge ? Si un Bordelais vous montre une valise et vous demande si **ça loge** dans la **malle** de votre voiture, il vous demande s'il y a assez de place dans votre coffre pour que l'on puisse y faire entrer le bagage en question. L'expression **ça loge** constitue un raccourci fort commode pour dire « il y a assez de place pour faire entrer cet objet ou cette personne ». Quant au mot **malle,** il désigne le coffre d'une voiture (voir p. 127).

être rendu Beaucoup de francophones connaissent et emploient l'expression « On n'est pas rendu (à Loches) » pour signifier qu'ils sont loin d'arriver au but qu'ils visent (une expression synonyme serait « On n'est pas sorti de l'auberge ! »). Dans le Grand Ouest, l'expression « **être rendu** » peut s'entendre dans d'autres contextes que celui-ci, dans des phrases comme « J'en **suis rendu** à la moitié de mon livre » (comprendre : « je suis arrivé à la moitié de mon livre ») ou « Où est rendue la perruque que j'ai reçue pour mon anniversaire ? » (comprendre : « Où est la perruque que j'ai reçue pour mon anniversaire ? »), qui ne manqueront pas de choquer les oreilles non familières avec le français de cette région !

Le saviez-vous ?

Selon l'une des nombreuses rumeurs que l'on peut trouver sur Internet, l'expression « **On n'est pas rendu à Loches** » viendrait de la difficulté que les locaux rencontraient pour aller de Tours à Loches pendant la Seconde Guerre mondiale : la ligne de démarcation entre la Zone occupée et la Zone libre séparait en effet les deux villes.

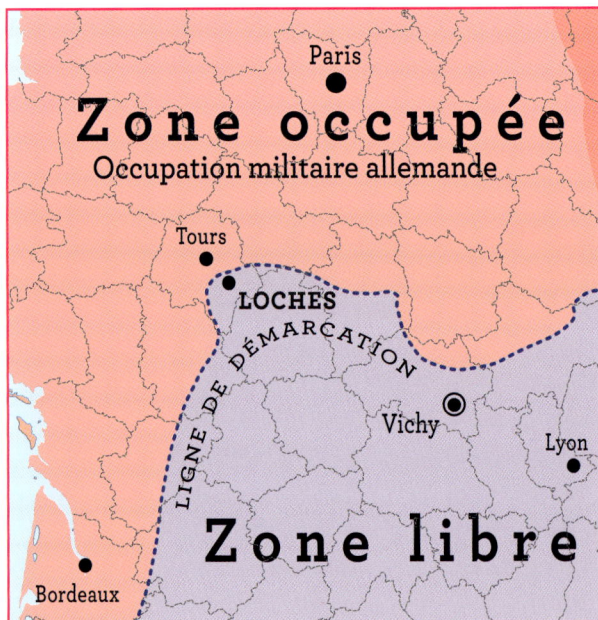

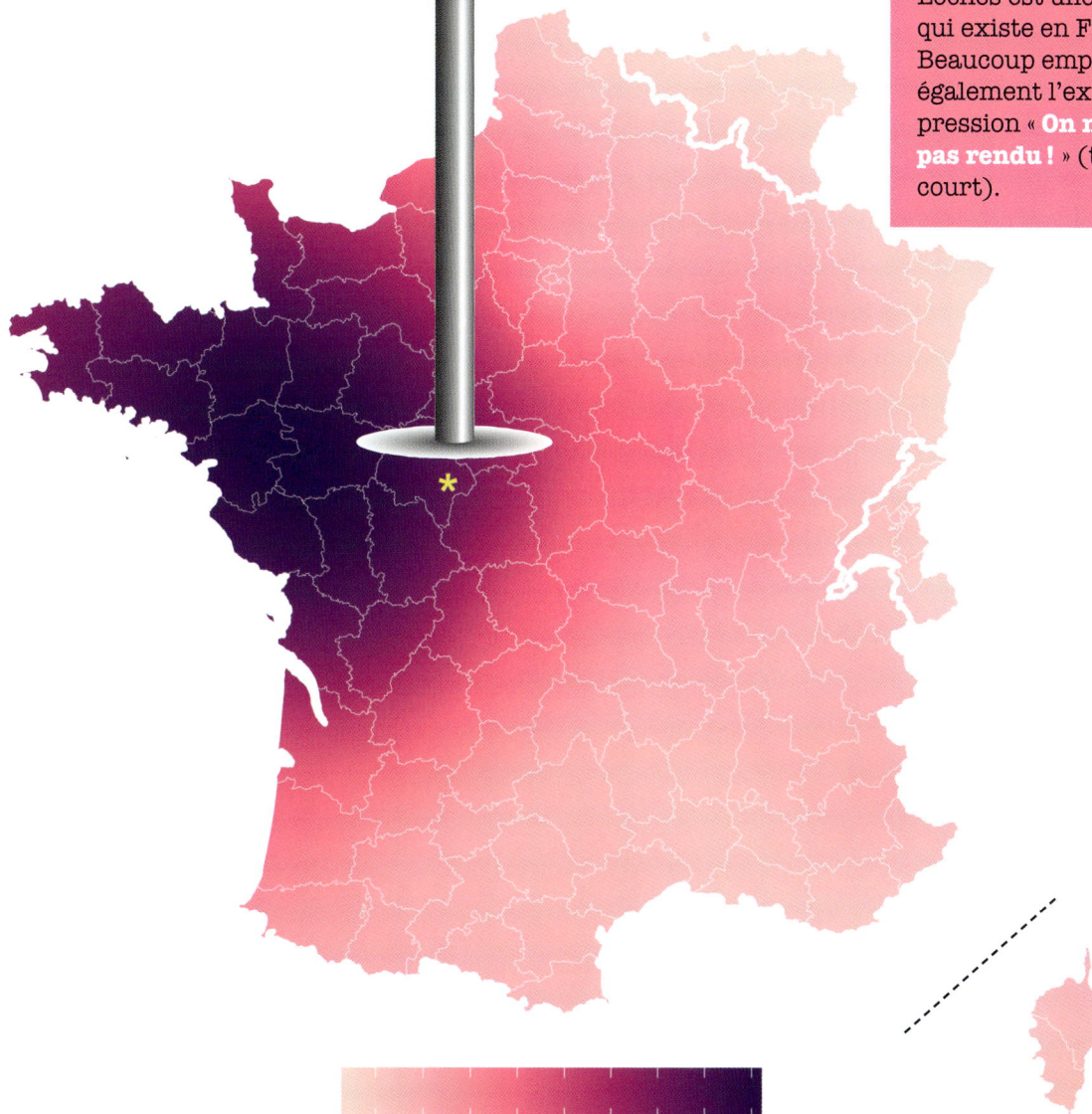

LOCHES

0 %　　　　　　100 %

bouiner Le verbe bouiner
(et sa variante **bouéner**)
signifie « ne rien faire de
sérieux, ne pas avancer
dans son travail ». Un bon
synonyme en français argotique
serait le verbe **glander**. Le verbe
connaît sans doute une diffusion plus
large quand il est employé dans l'expression « **Qu'est-ce que tu bouines ?** »

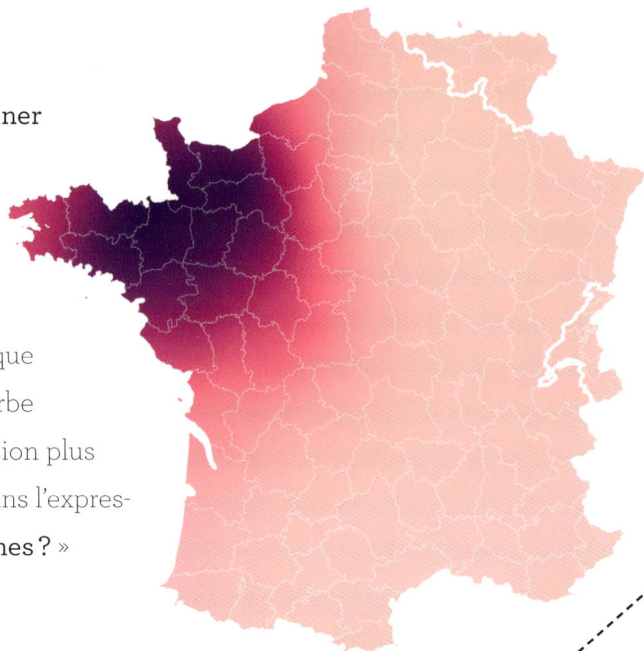

0 %　　　　　55 %

a-dreuz Cette locution du français régional de Bretagne est issue du breton. **A-dreuz** (aussi orthographiée **a-droezz** ou **à dreuze**) signifie « de travers », « à travers » ou « en travers » (« La route était glissante, ma voiture est partie **a-dreuz** »). On utilise aussi cette locution pour désigner quelqu'un qui est ivre.

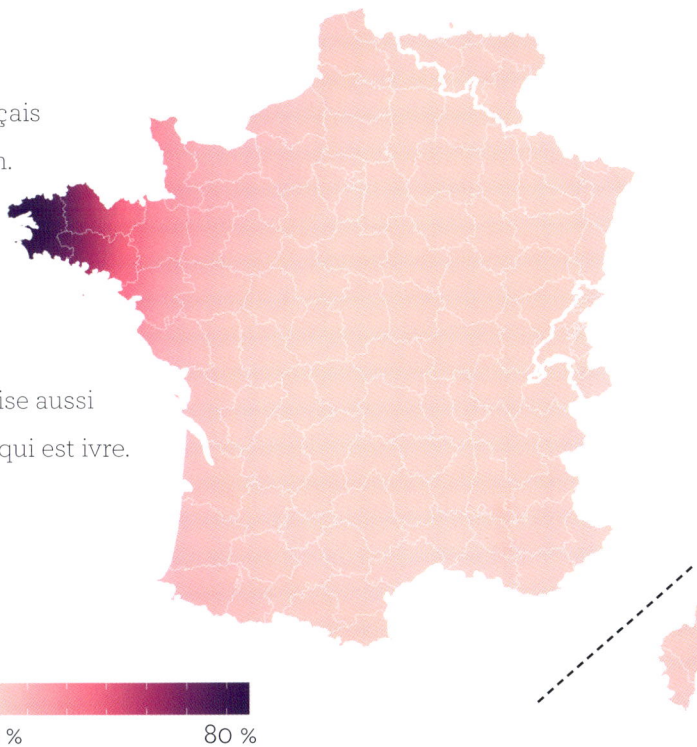

0 %   80 %

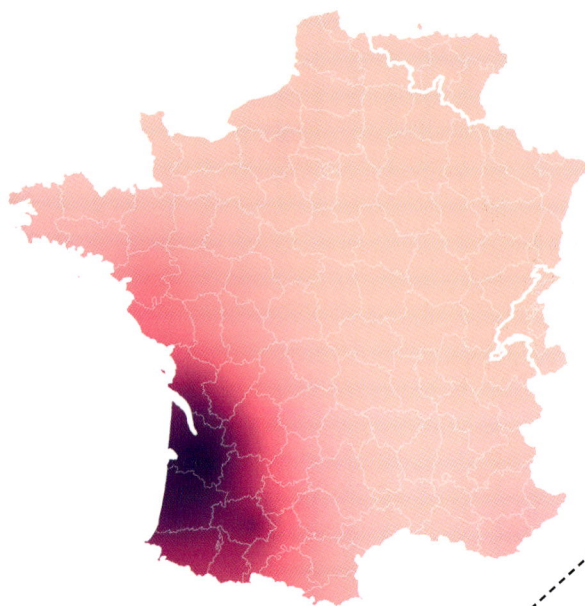

gueille

En français régional, le mot **gueille** désigne une vieille pièce d'étoffe dont on se sert pour faire le ménage. Étymologiquement, le mot est à rapprocher de **guenille** qui veut dire la même chose en français standard.

0 %   26 %

rapiette

Le mot **rapiette** (voir l'occitan *rapieta*) désigne un **lézard gris**, qu'on appelle aussi **lézard des murailles**, et qui se différencie du lézard tout court (qui est vert).

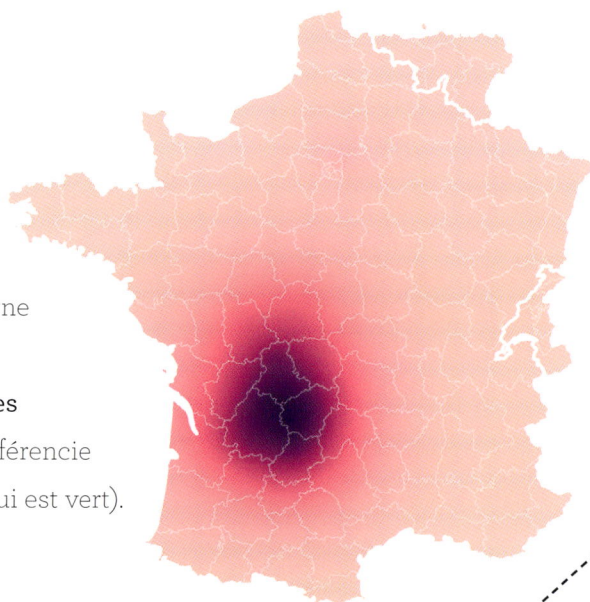

0 %   100 %

Les mots **cagouille** et **luma** désignent tous deux
un escargot « petit-gris ».

cagouille

luma

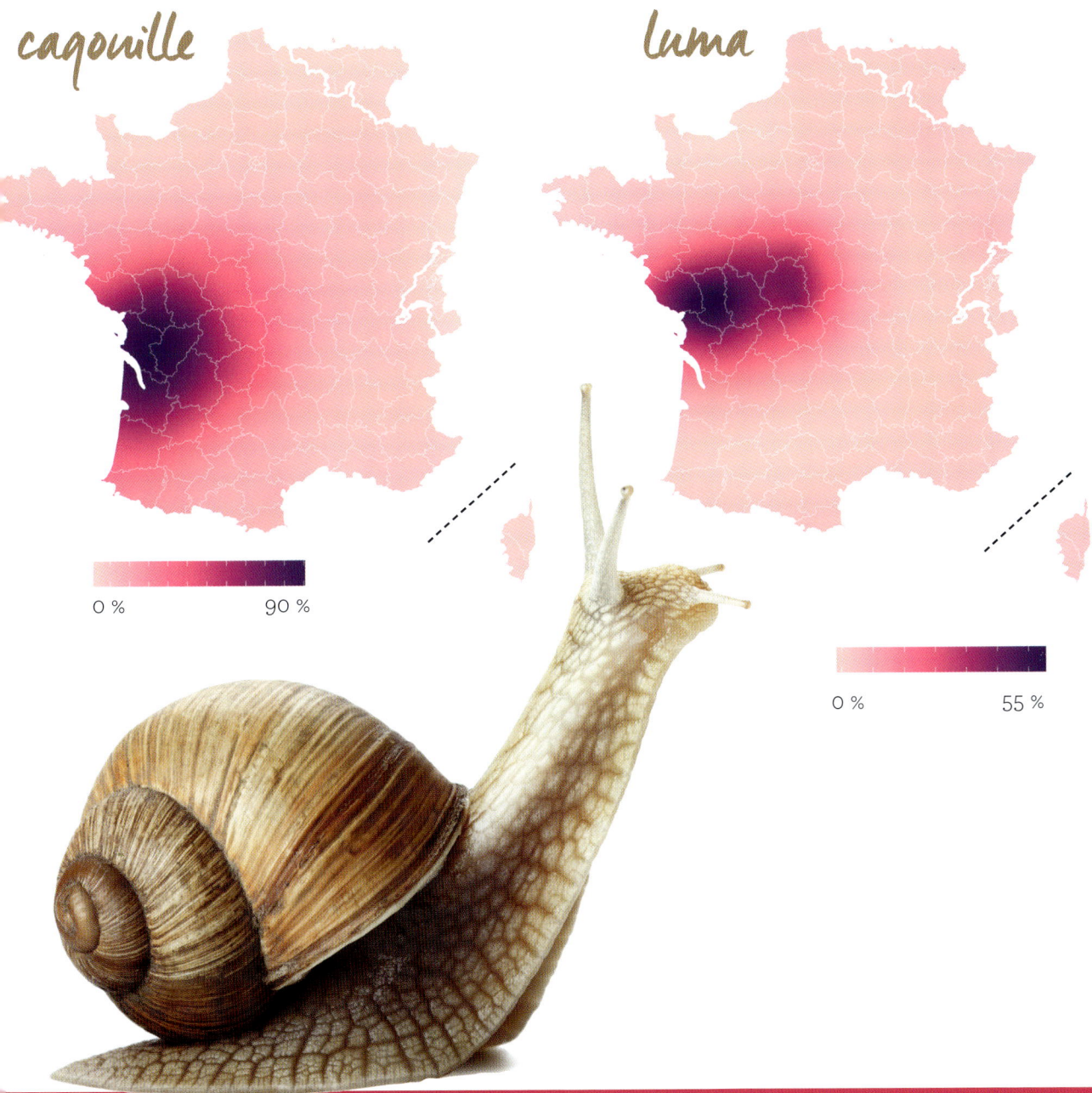

0 %   90 %

0 %   55 %

tancarville Tancarville est un petit village du pays de Caux, dans le département de la Seine-Maritime. Selon toute vraisemblance, le mot **tancarville** a été utilisé par les créateurs d'un type de séchoir à linge de forme métallique pour dénommer la marque de cet objet, sans doute par analogie avec la forme du pont suspendu situé à Tancarville. Aujourd'hui, le mot n'est plus associé uniquement à cette marque, et est passé dans l'usage courant, où il désigne ce qu'on appelle un **étendoir (à linge)** en français standard (dans le Centre-Est, on parle d'**étendage**, voir p. 118).

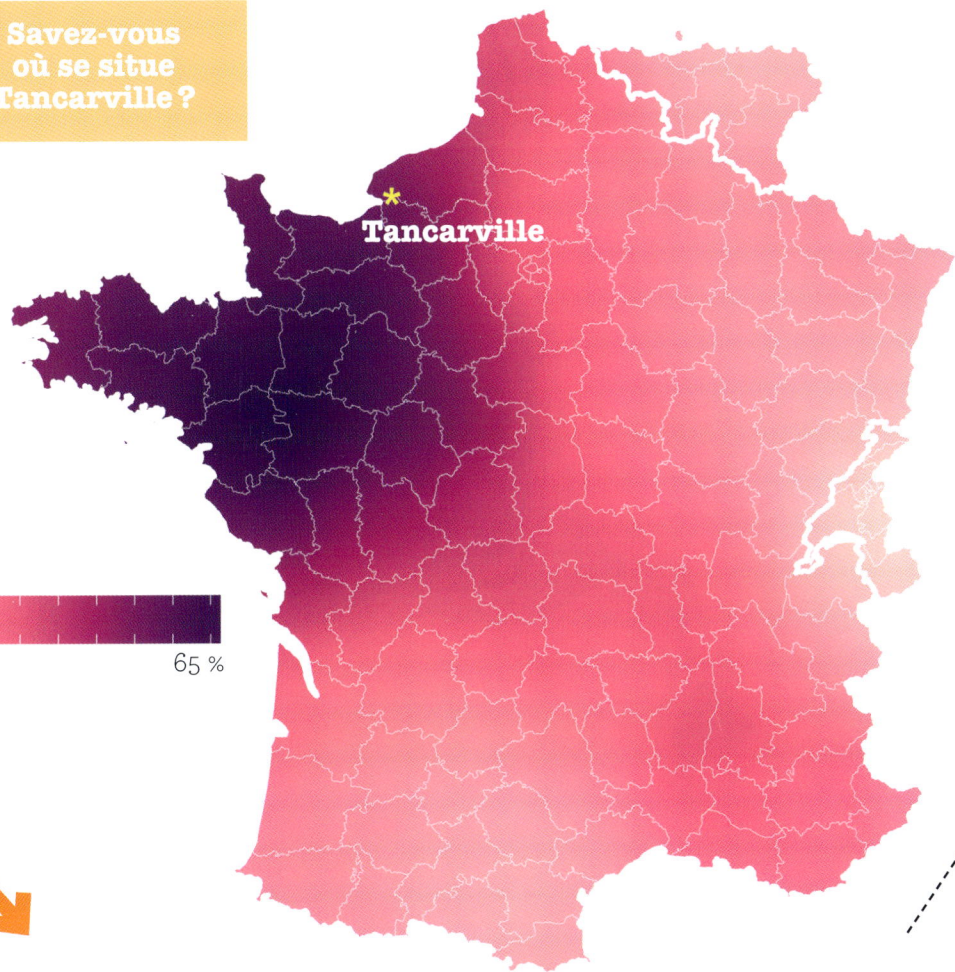

Tancarville

0 %   65 %

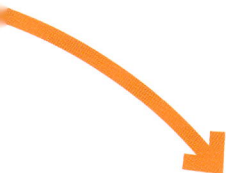

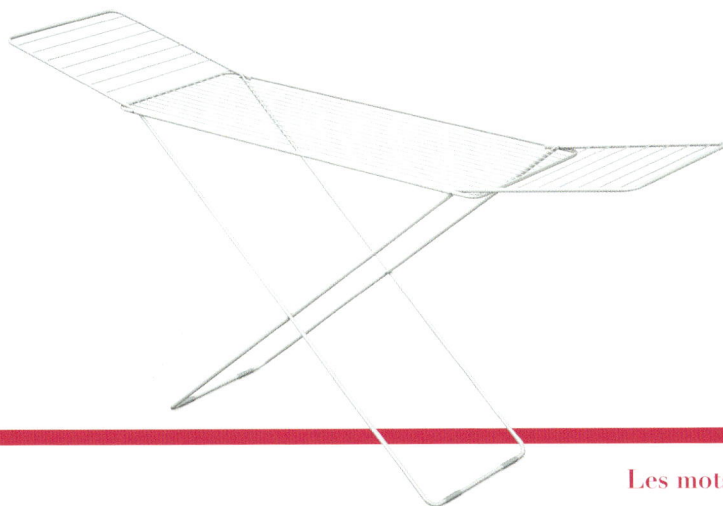

dalle Dans le Grand Ouest de l'Hexagone, le mot **dalle** n'a pas le même sens que dans le reste de la francophonie d'Europe (où il désigne « une plaque en matière compacte et dure »). Beaucoup de locuteurs du français établis dans cette région utilisent en effet le mot **dalle** pour nommer ce que l'on appelle ailleurs une **gouttière** (et ce que d'autres appellent un(e) **cheneau**).

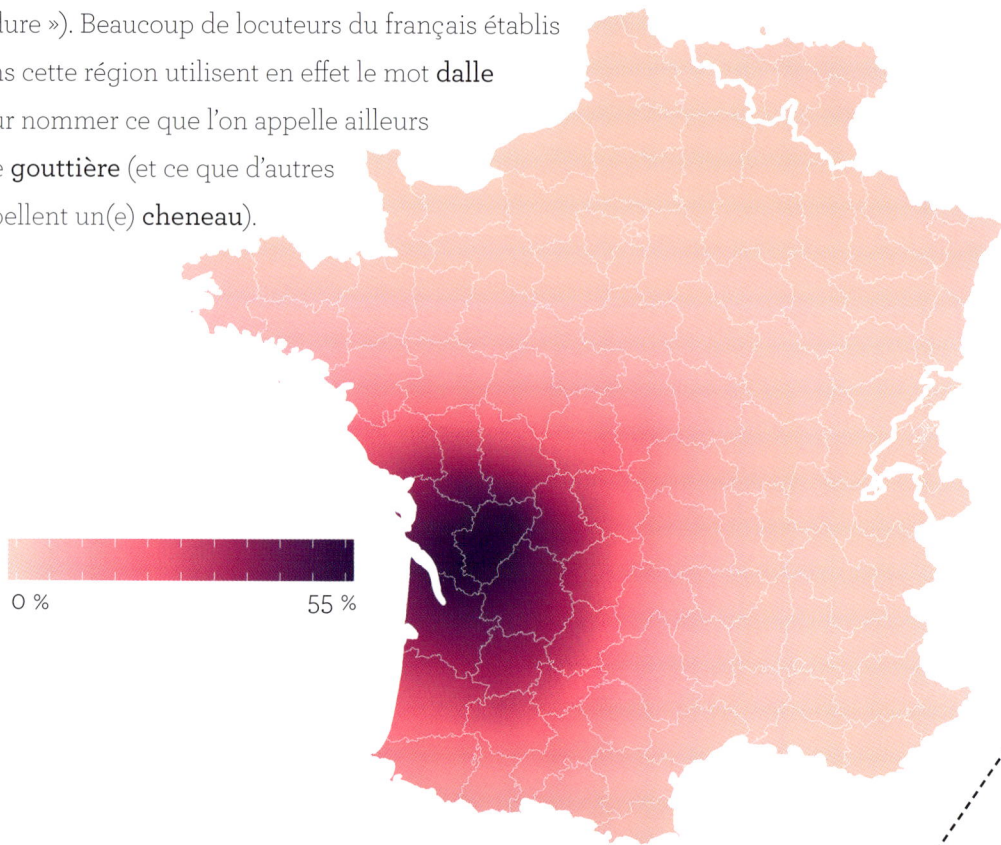

0 %   55 %

bourrier Le **bourrier** (que l'on trouve parfois orthographié **bourier**) désigne des ordures, des déchets, un ensemble de choses dont on souhaite se débarrasser. Par métonymie, le mot peut aussi désigner le lieu où l'on peut déposer des ordures, voire l'employé chargé de leur ramassage (voir aussi **ramasse-bourrier**, p. 25).

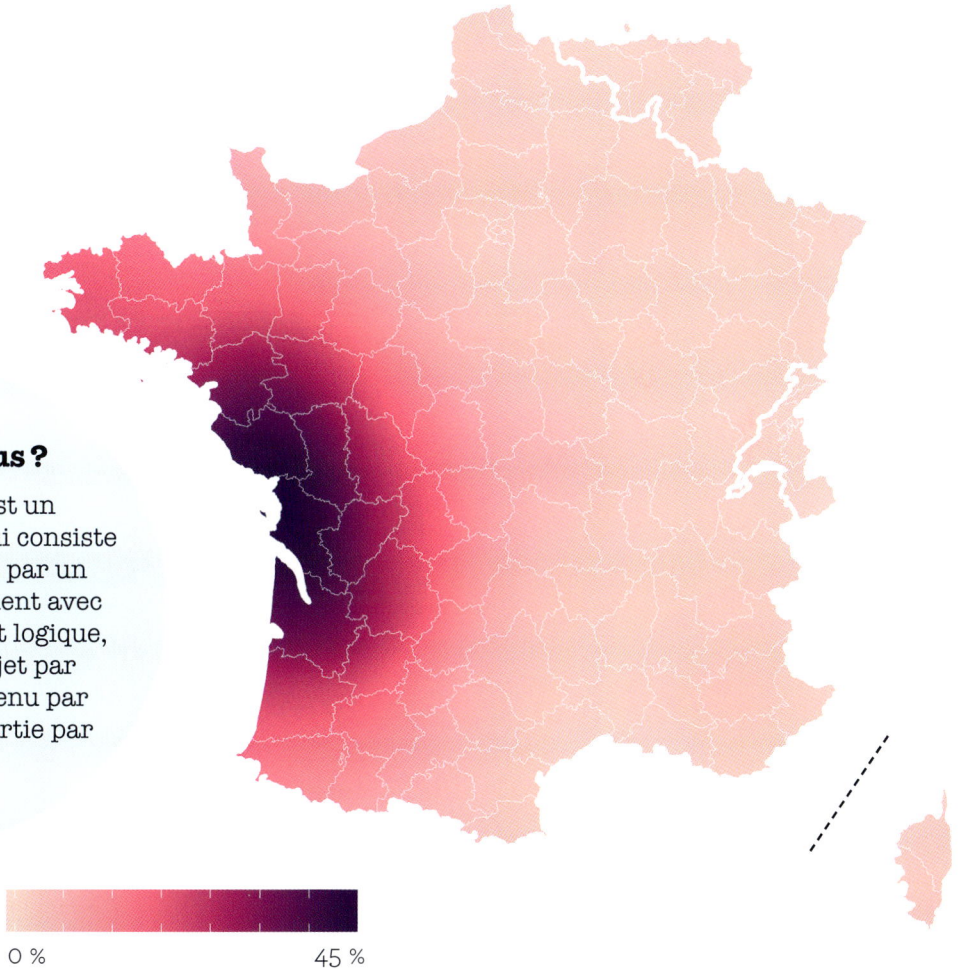

Le saviez-vous ?

La   est un procédé du langage qui consiste à remplacer un mot par un autre mot qui entretient avec le premier un rapport logique, par exemple un objet par sa matière, un contenu par son contenant, la partie par le tout, etc.

0 %   45 %

LES MOTS

GRAND

DU

NORD

savoir Le francophone lambda qui n'a jamais mis les pieds dans le Nord-Pas-de-Calais ou en Belgique sera frappé, lorsqu'il s'y rendra, de l'usage que font les locuteurs du français de ces régions du verbe **savoir**, notamment dans les phrases négatives. Si un Belge vous dit qu'il « ne **sait** plus lire sans ses lunettes » ou que « son chat ne **sait** pas courir, avec sa patte blessée », il veut bien sûr dire qu'il ne **peut** pas lire sans ses lunettes ou que son chat ne **peut** plus marcher avec sa patte blessée.

Le saviez-vous ?

Dans *Astérix chez les Belges*, le verbe **pouvoir** est systématiquement remplacé à des fins humoristiques par le verbe **savoir**, même dans les contextes où les locuteurs du grand Nord emploieraient le verbe **pouvoir**.

L'influence du néerlandais ?

De nombreux grammairiens ont invoqué l'influence du néerlandais *kunnen* pour expliquer cet usage du verbe **savoir** en français. En néerlandais, le verbe *kunnen* permet d'exprimer à la fois la capacité physique et morale et la connaissance.

ne pas savoir

L'usage du verbe **savoir**
au sens de **pouvoir** avec
un sujet humain n'est guère
répandu au-delà de la
Belgique et de l'ancienne
région Nord-Pas-de-Calais !

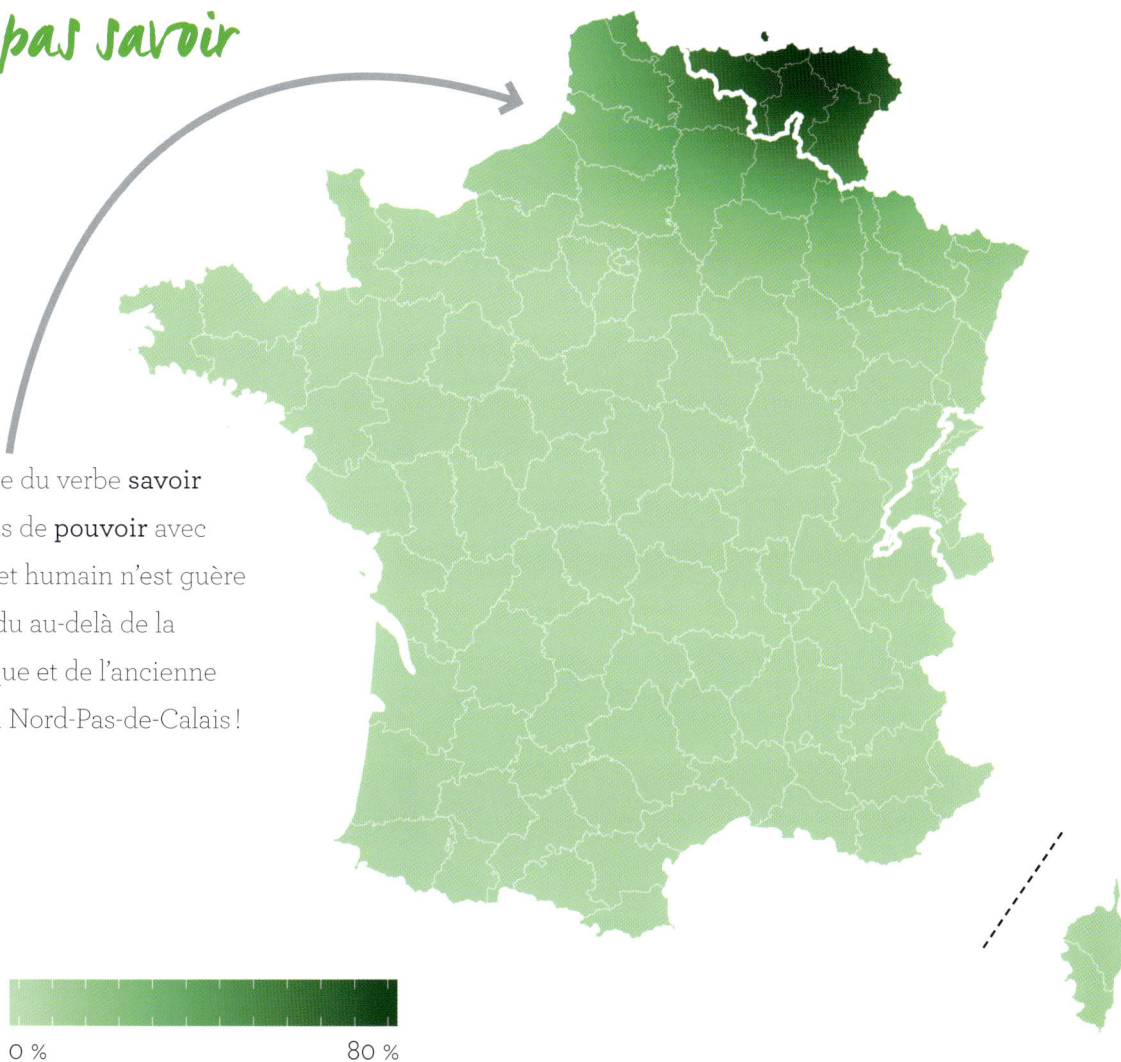

0 %   80 %

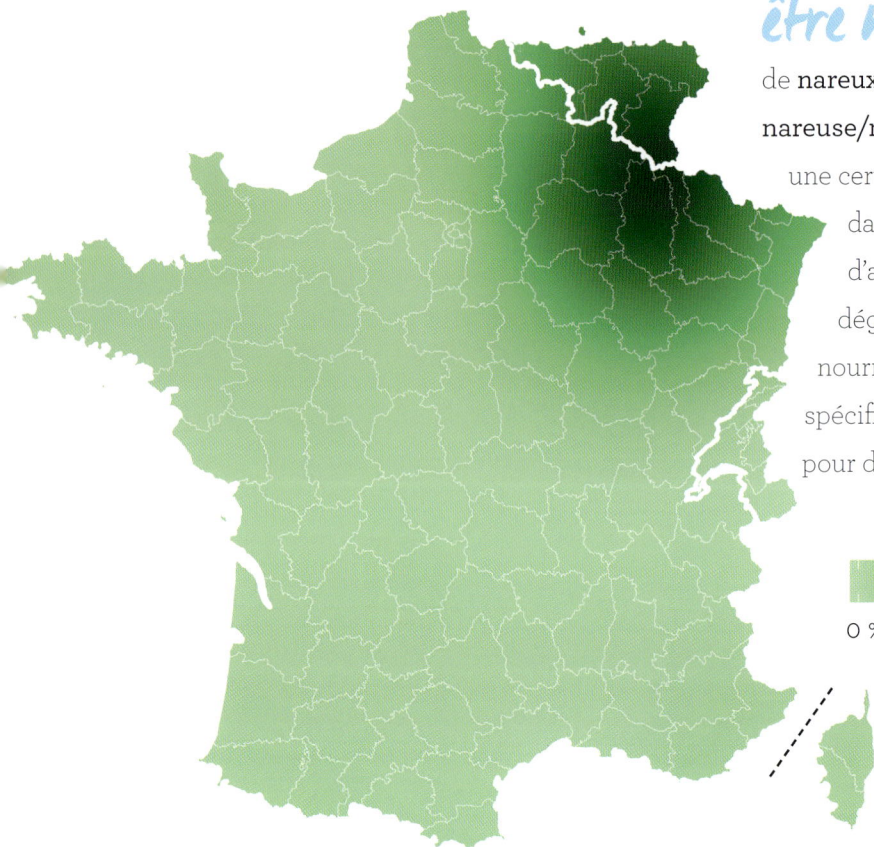

être nareux On qualifie de **nareux** (ou **néreux** ; au féminin **nareuse/néreuse**) quiconque éprouve une certaine répugnance à boire dans le verre de quelqu'un d'autre, ou qui ressent du dégoût si l'on touche à sa nourriture. Il n'existe pas de mot spécifique en français standard pour désigner cette qualité.

0 %   80 %

s'entrucher Le verbe **s'entrucher**, qui signifie « s'étrangler avec de la nourriture, avaler de travers », n'a pas d'équivalent en français standard. Il est typique de l'ancienne région Champagne-Ardennes.

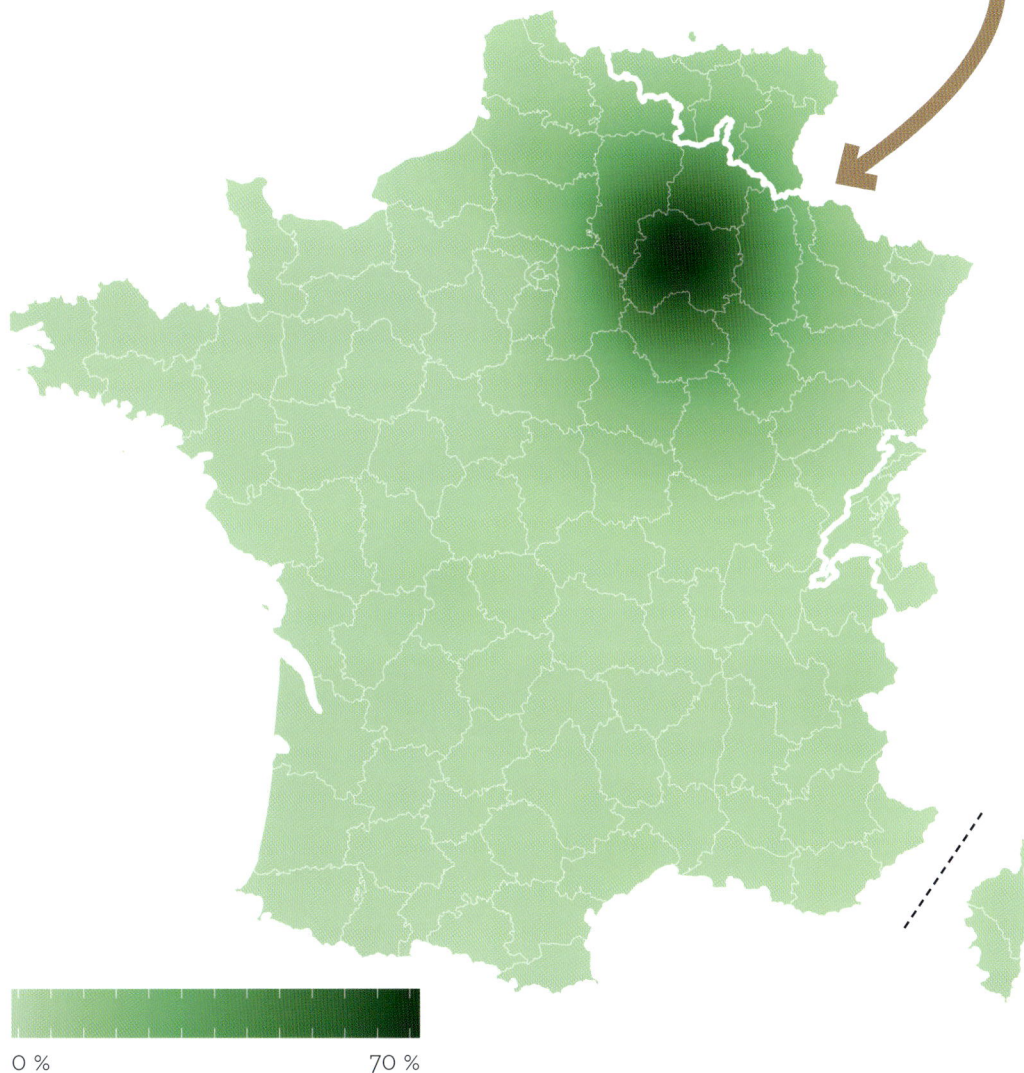

0 %   70 %

chicons Si vous allez faire votre marché dans le Nord de la France ou en Belgique et que vous cherchez des **endives**, il y a de fortes chances que l'on vous présente une salade verte et frisée (et qui s'apparente à ce que l'on appelle en français commun une **scarole**). Pour obtenir ce que vous voulez, il vous faudra plutôt demander des **chicons** !

0 %

90 %

Une question

aller à la toilette La plupart des
francophones disent qu'ils vont **AUX** toilettes, alors
qu'en Belgique, on va **À LA** toilette.

0 %　　　　　　　　　45 %

être en rue

Si un Belge vous dit qu'il est **EN rue**, cela ne veut pas dire qu'il est **À la rue**, mais bien qu'il est **DANS la rue** !

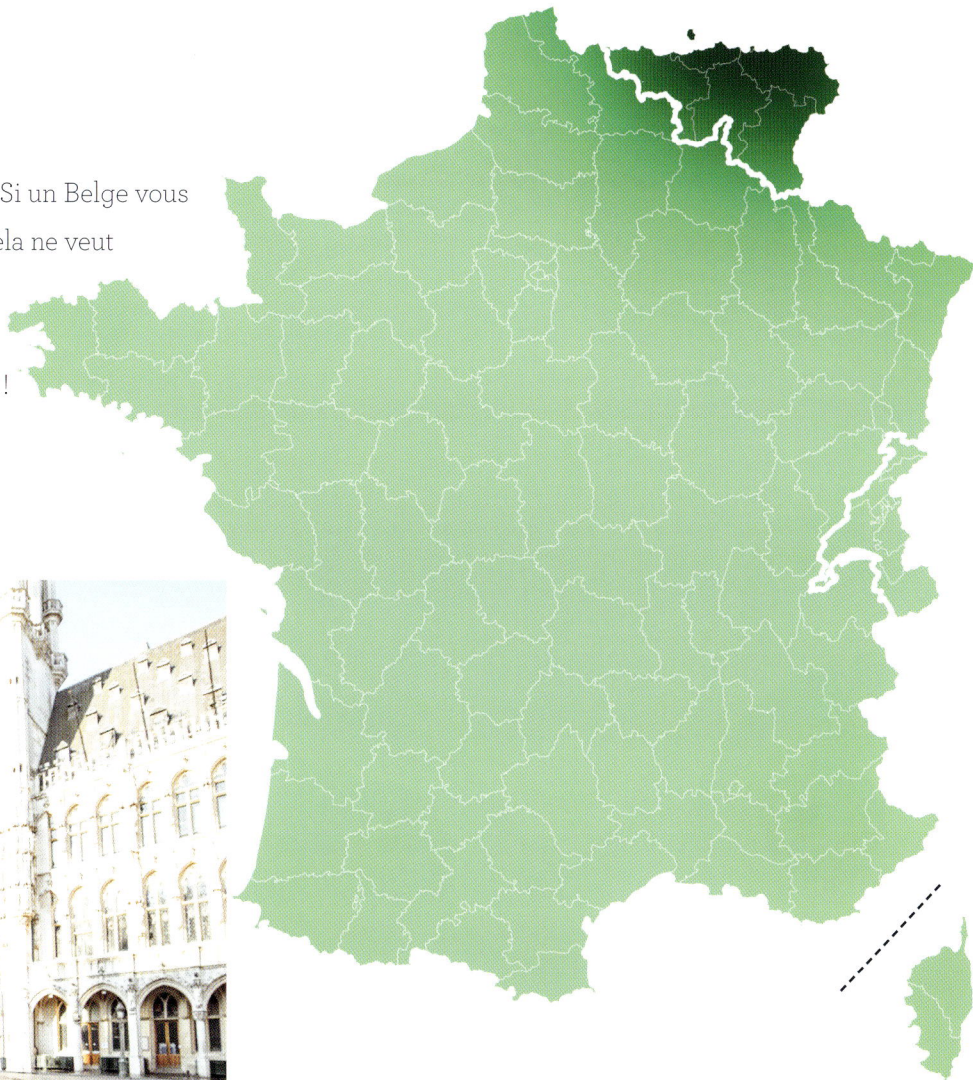

0 % 45 %

dracher

Le verbe **dracher**, à l'instar de son correspondant *draschen* en flamand auquel il a été emprunté, signifie « pleuvoir à verse, pleuvoir fortement ». Le mot est emblématique du français régional du Nord-Pas-de-Calais et de Belgique. L'imaginaire populaire veut qu'il pleuve tout le temps dans le Nord : souvenez-vous, dans le film *Bienvenue chez les Ch'tis*, lorsque le personnage de Philippe Abrams, interprété par Kad Merad, arrive en voiture dans la région Nord-Pas-de-Calais, et qu'une puissante drache s'abat sur sa voiture.

Le verbe **dracher** est aujourd'hui connu bien au-delà du Nord-Pas-de-Calais et de la Belgique, et il semblerait que son aire soit en pleine extension, sans doute parce que le mot permet de rendre compte d'un état de fait que le français standard ne permet pas d'exprimer simplement.

Le saviez-vous ?

Le verbe **dracher** est également employé par les habitants francophones des anciennes colonies belges d'Afrique (République démocratique du Congo et Rwanda).

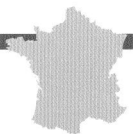

Le verbe **dracher** semble en voie de « dé-régionalisation », car on commence à le trouver employé bien au-delà de son aire d'origine.

0 %   100 %

drisse Il existe des dizaines de mots pour désigner des selles anormalement liquides. Le mot **drisse** est l'un d'eux. Étymologiquement, il faut mettre le mot **drisse** en rapport avec le moyen néerlandais *drits* (« excréments ») – notons qu'on retrouve aussi dans le français régional de la Lorraine, du Doubs et du Jura le paronyme **trisse**, qui signifie « diarrhée », et des verbes comme **détrisser**, **estricler**, **estricher**, **trisser**, etc., qui signifient « éclabousser », lesquels se rattachent tous à un autre étymon, l'allemand *spritzen* qui signifie « gicler, éclabousser ».

Le saviez-vous ?

Un **paronyme** est un mot dont la ressemblance (en particulier phonétique) avec un autre mot entraîne de fréquentes confusions.

En linguistique, le mot **étymon** désigne le mot le plus ancien à l'origine d'un mot nouveau, son ancêtre en quelque sorte.

0 %   40 %

LES MOTS

GRAND

DU
EST

schlouck Le mot
schlouck signifie « petite quantité,
petite gorgée », et s'emploie
notamment dans l'expression
boire un schlouck (« boire
un coup »). Son orthographe
n'est pas fixée, d'où l'existence
de nombreuses variantes, telles
que **chlouk**, **shloug**, **schlouk** ou
encore **schluck**. L'origine de ce mot
est onomatopéique : la sonorité du
mot **schlouck** évoque le bruit que fait
du liquide quand on l'avale. Selon toute
vraisemblance, il serait passé en français par
l'intermédiaire des dialectes germaniques, où
il signifie « gorgée ».

En France, le mot est davantage utilisé dans les régions où l'on parle des dialectes germaniques.

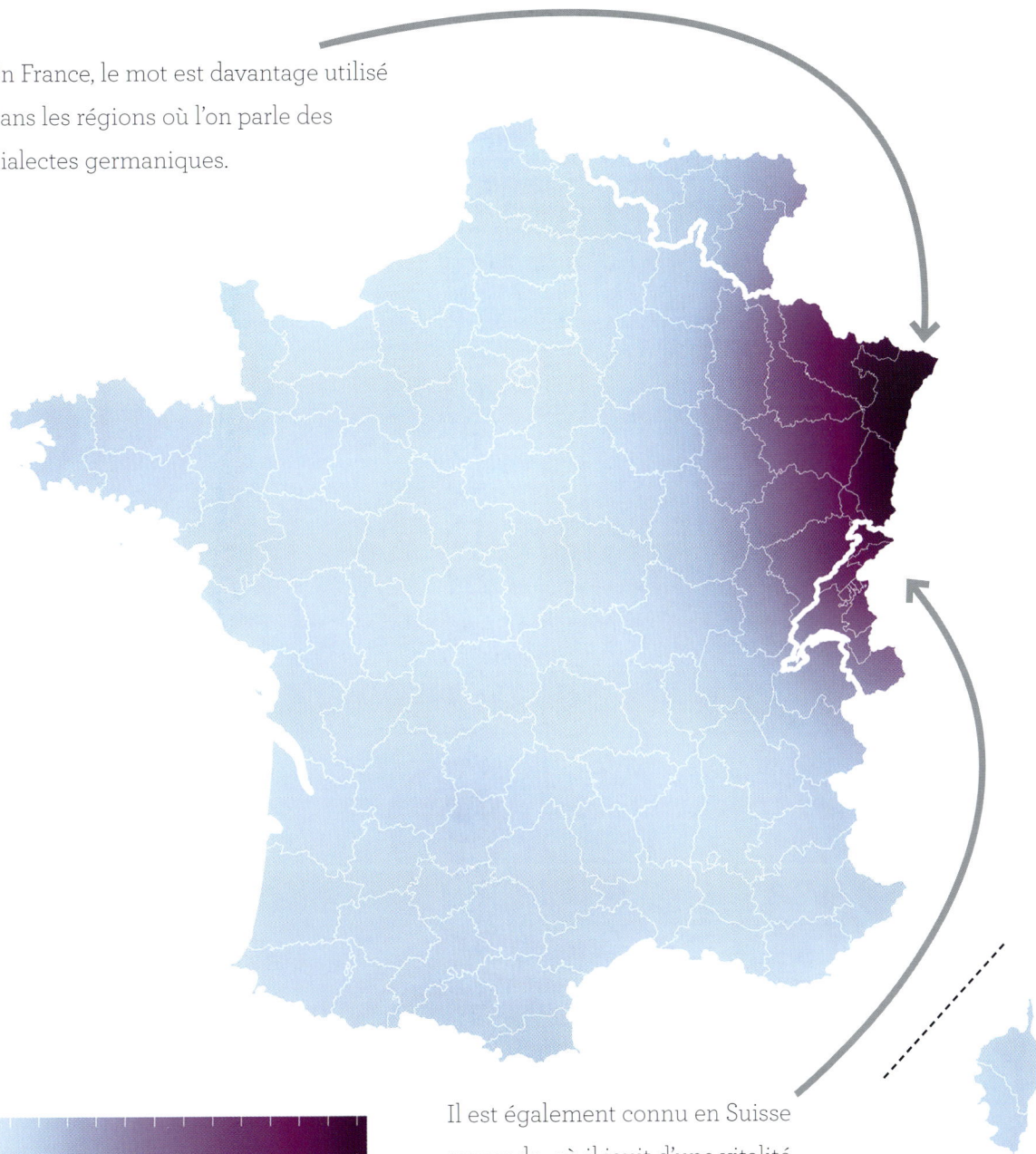

Il est également connu en Suisse romande, où il jouit d'une vitalité plus forte dans les cantons de l'Arc jurassien.

0 %   90 %

comme dit
Typique de l'Alsace, l'expression **comme dit** (certains y voient un calque de l'allemand *wie gesagt*) signifie « comme on dit ».

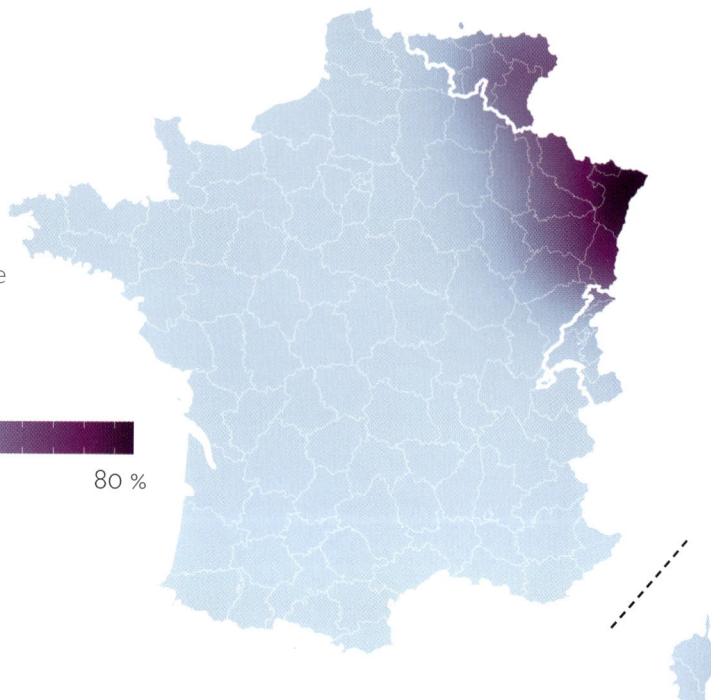

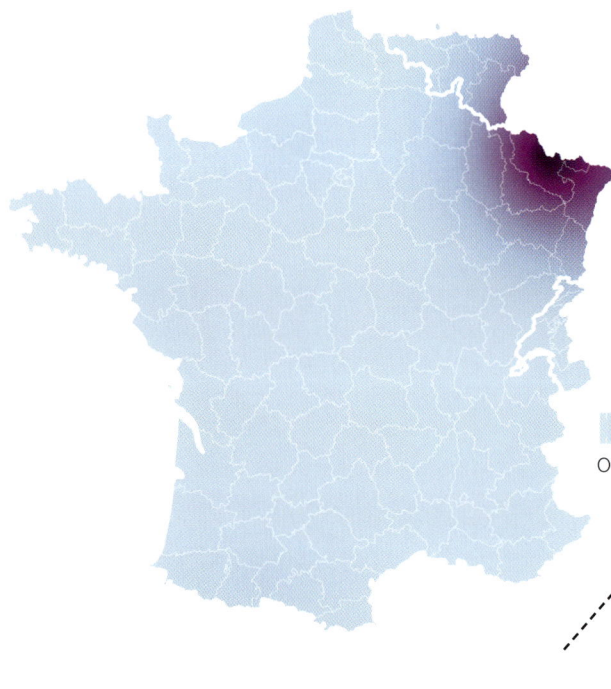

0 %   80 %

schnougel
Ce mot emblématique du français de Moselle signifie « morve ».

0 %   35 %

trisser Le verbe **trisser**
(et ses nombreuses variantes,
voir p. 92) s'emploie pour
désigner l'action d'éclabousser
ou de projeter du liquide
en direction de quelqu'un
ou de quelque chose.

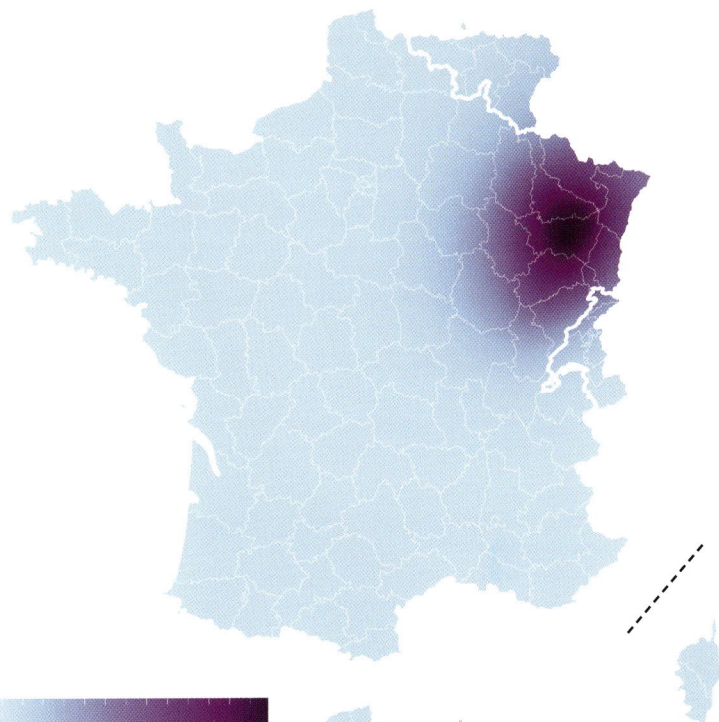

0 %   50 %

schpritzer Le verbe
schpritzer est un synonyme
du verbe **trisser**, mais
s'emploie plutôt un peu plus
au nord-est.

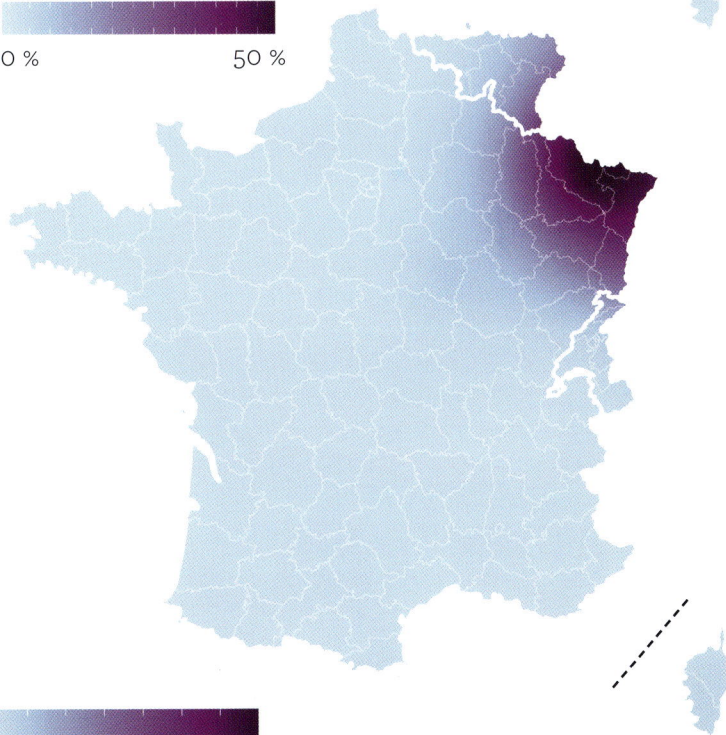

0 %   45 %

clairer Le verbe **clairer**, formé sur l'adjectif **clair**, signifie « donner de la clarté, de la lumière (à quelqu'un) ». On l'emploie également pour parler du feu qui brûle, ou d'une source de lumière qui est allumée : une lampe, une bougie qui **claire**.

0 %   65 %

être gaugé

En Bourgogne et alentours, on dit de quelqu'un qu'il est **gaugé** s'il s'est exposé à une forte pluie et que ses vêtements sont trempés, ou s'il a marché dans une flaque d'eau et que ses chaussures sont imbibées de boue. Par extension, **se gauger** peut également signifier « se salir ».

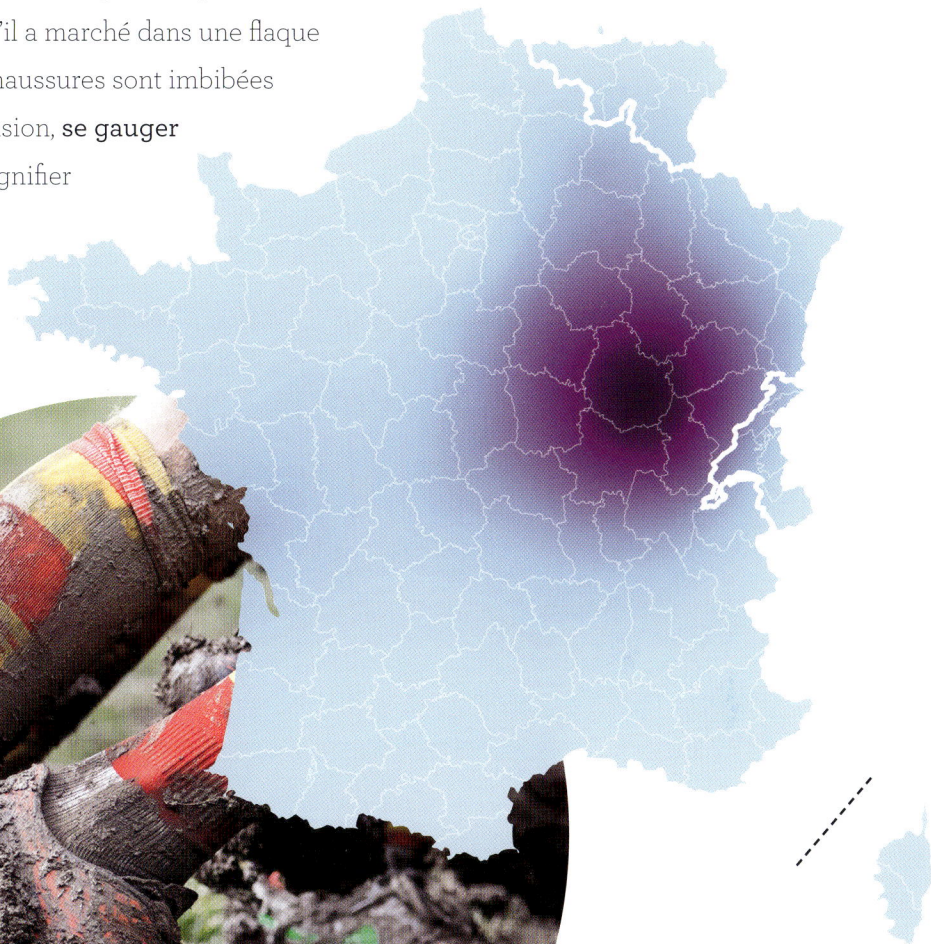

0 %   65 %

schlappe Essentiellement utilisé dans les milieux dialectophones (voir encadré « Le saviez-vous ? »), le mot **schlappe** désigne ce qu'on appelle en français standard des **chaussons** ou des **pantoufles**. Il connaît de nombreuses variantes, notamment en ce qui concerne le timbre de la voyelle initiale (**schlappe** vs **schloppe**), le timbre de la voyelle finale (**schlappe** vs **schlappa**), la prononciation de la consonne (**schlappe** vs **schlabe**), sa position dans le mot (**schlappe** vs **schalppe**). On le trouve également avec la consonne « r » (**schlarp**) ou encore avec un « f » final (**schlapf**). Toutes ces variantes pouvant se combiner, bien entendu !

On retrouve également ces formes dans le nord de la Suisse romande.

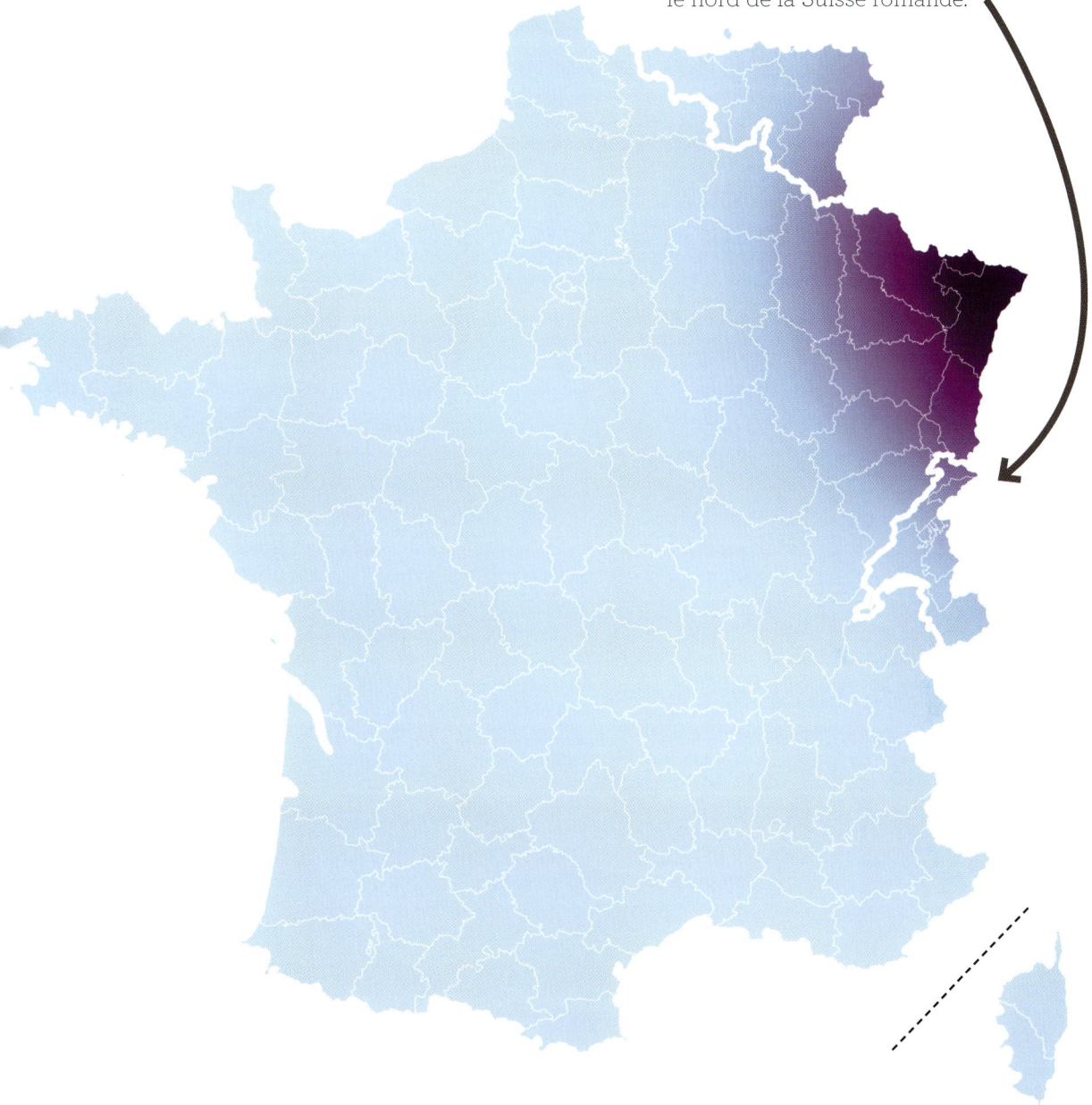

0 %   70 %

entre midi Il existe une grande variation en français quant à la façon de dénommer la période de temps qui s'écoule entre 12 h et 14 h (en français standard, c'est l'expression « **entre midi et deux (heures)** » ou « **entre midi et quatorze (heures)** » que l'on connaît le mieux). L'expression « **entre midi** » n'est pas connue en dehors des provinces du Grand Est.

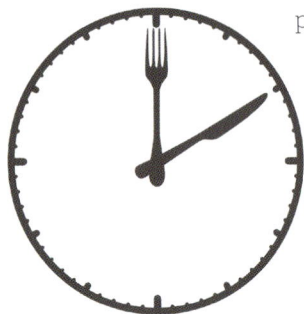

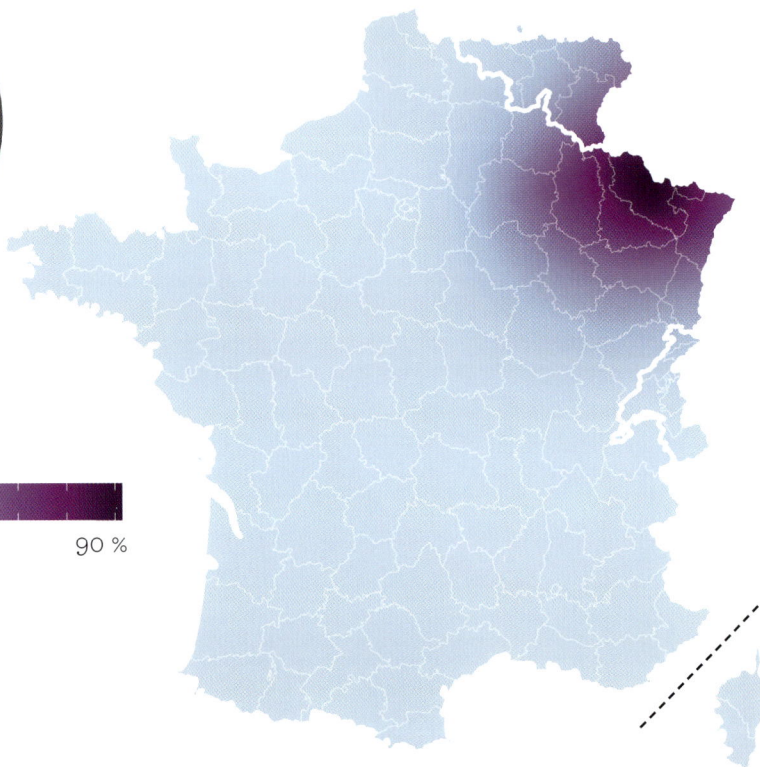

0 %   90 %

être après **Être après** signifie « travailler à quelque chose, s'occuper de », et on l'emploie dans des expressions comme « Elle est après son jardin » ou « Il est après ses enfants ». L'usage du tour **être après** constitue un régionalisme dont l'aire est aujourd'hui en récession : cette tournure jouissait naguère d'une vitalité beaucoup plus importante.

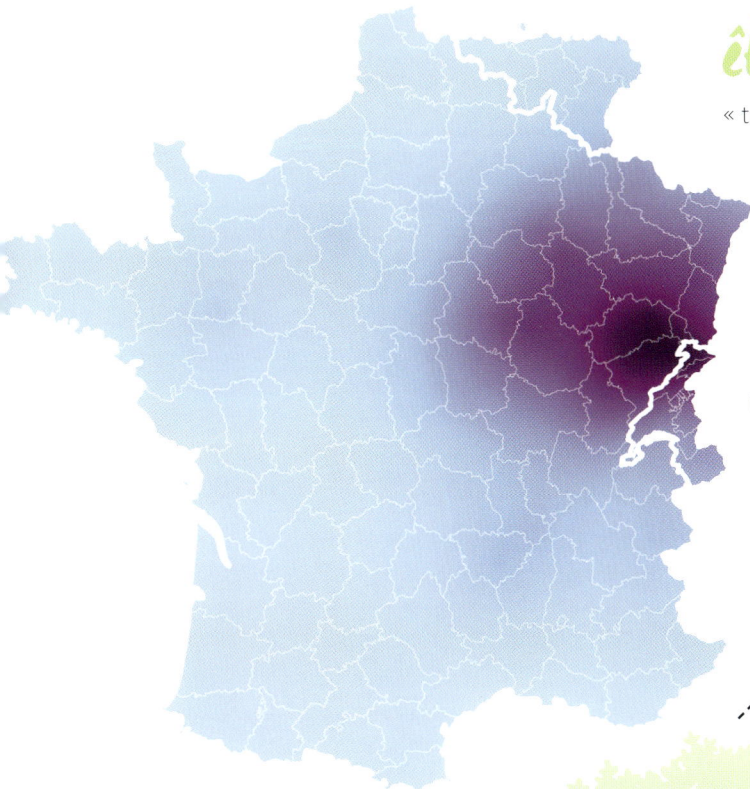

0 %   35 %

LES MOTS

CENTRE

DU
-EST

Le « y » rhônalpin : laissez-moi vous y expliquer !

Qui n'a jamais été frappé, en se rendant dans la région Rhône-Alpes ou dans le Sud de la Bourgogne, d'entendre les locaux introduire des « **y** » un peu partout dans leurs phrases, comme dans les expressions « je **vais y faire** » ou « **je vais y prendre** » ? D'après le linguiste Gaston Tuaillon, l'existence de ce pronom « **y** » s'explique par le substrat dialectal, c'est-à-dire par les patois, qui étaient encore parlés par nos (arrière-)grands-parents.

Ça, je vais y faire !

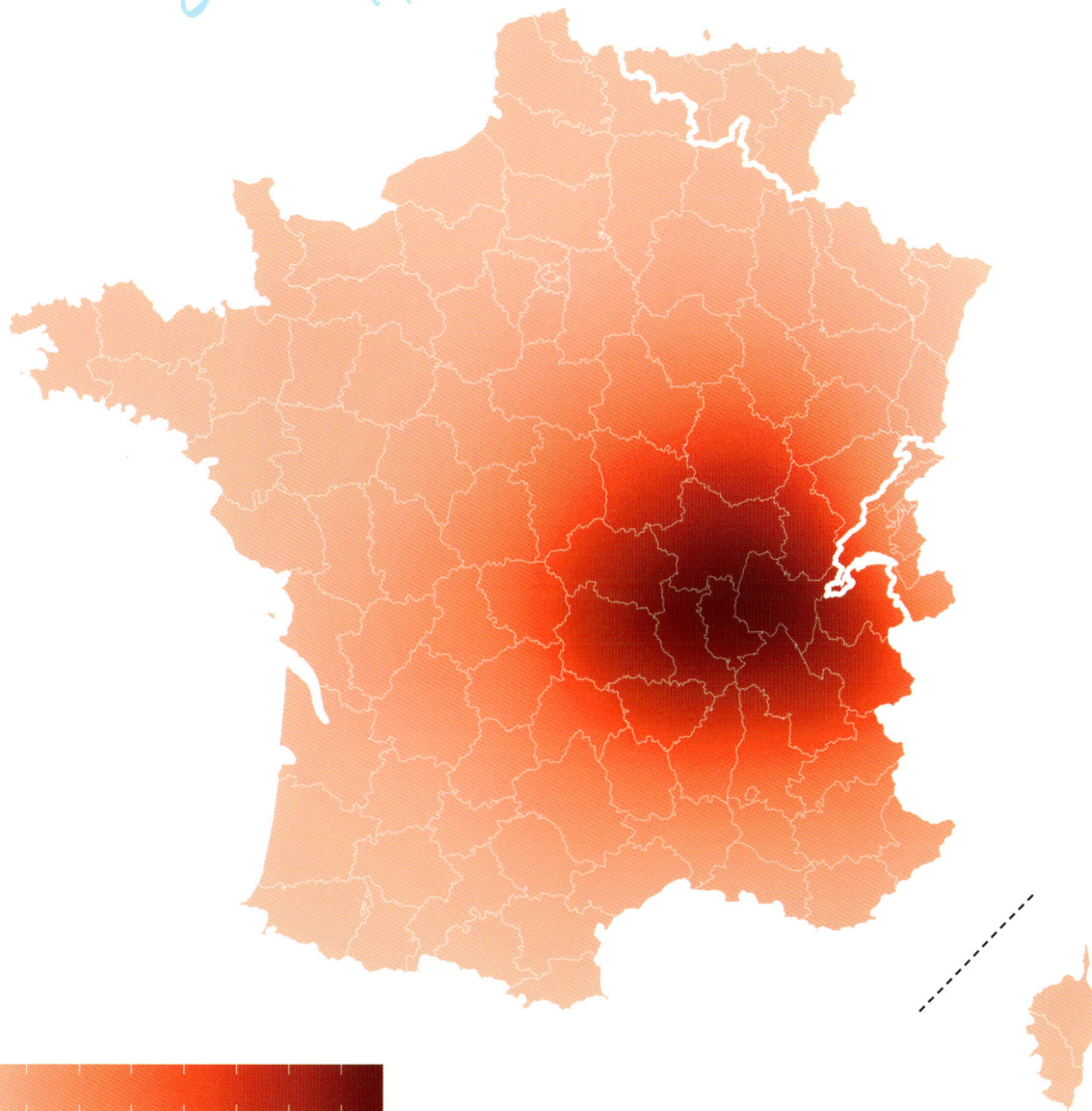

0 %   60 %

Le « ça » dit vaudois

En Suisse romande, le pronom « **y** » neutre (voir p. 108-109) n'est guère connu au-delà de Genève. Sur une partie de ces terres (les cantons de Vaud et de Fribourg essentiellement), c'est un autre calque d'une tournure patoise qui a survécu en français, que l'on peut entendre dans des tournures comme « **je vais ça faire** », « **on ça ramasse** ». Dans ces phrases, le pronom « **ça** » se place avant le verbe, comme c'était l'usage dans certains dialectes francoprovençaux. Dans les parlers vaudois notamment, le démonstratif *cein* (que l'on prononce *sin*, équivalent du pronom « ça » français) peut se placer avant le verbe.

LIBERTÉ
ET
PATRIE

Je vais ça faire

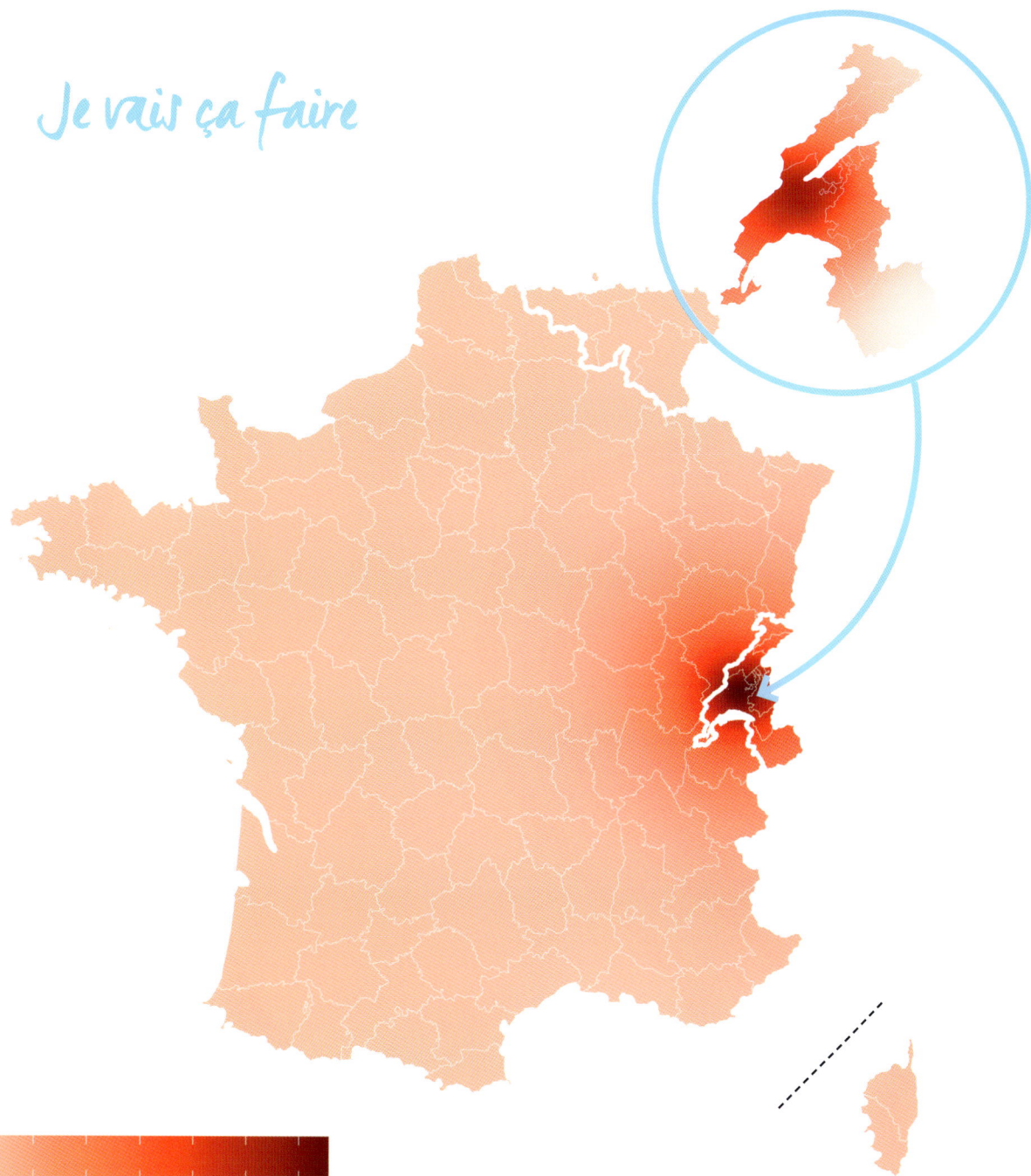

0 %   30 %

n'avoir personne vu En français standard, le pronom indéfini **personne** se place après l'auxiliaire et le verbe au participe passé (« **il n'a vu personne** »). Dans la bouche de certains locuteurs du Centre-Est, le pronom se place avant l'auxiliaire (« **il n'a personne vu** »), comme c'était la façon de faire dans les patois : on place en effet l'équivalent du pronom « **personne** » (*nyon*) avant le verbe, comme par exemple dans l'expression en patois vaudois « *jé nyon vu* ».

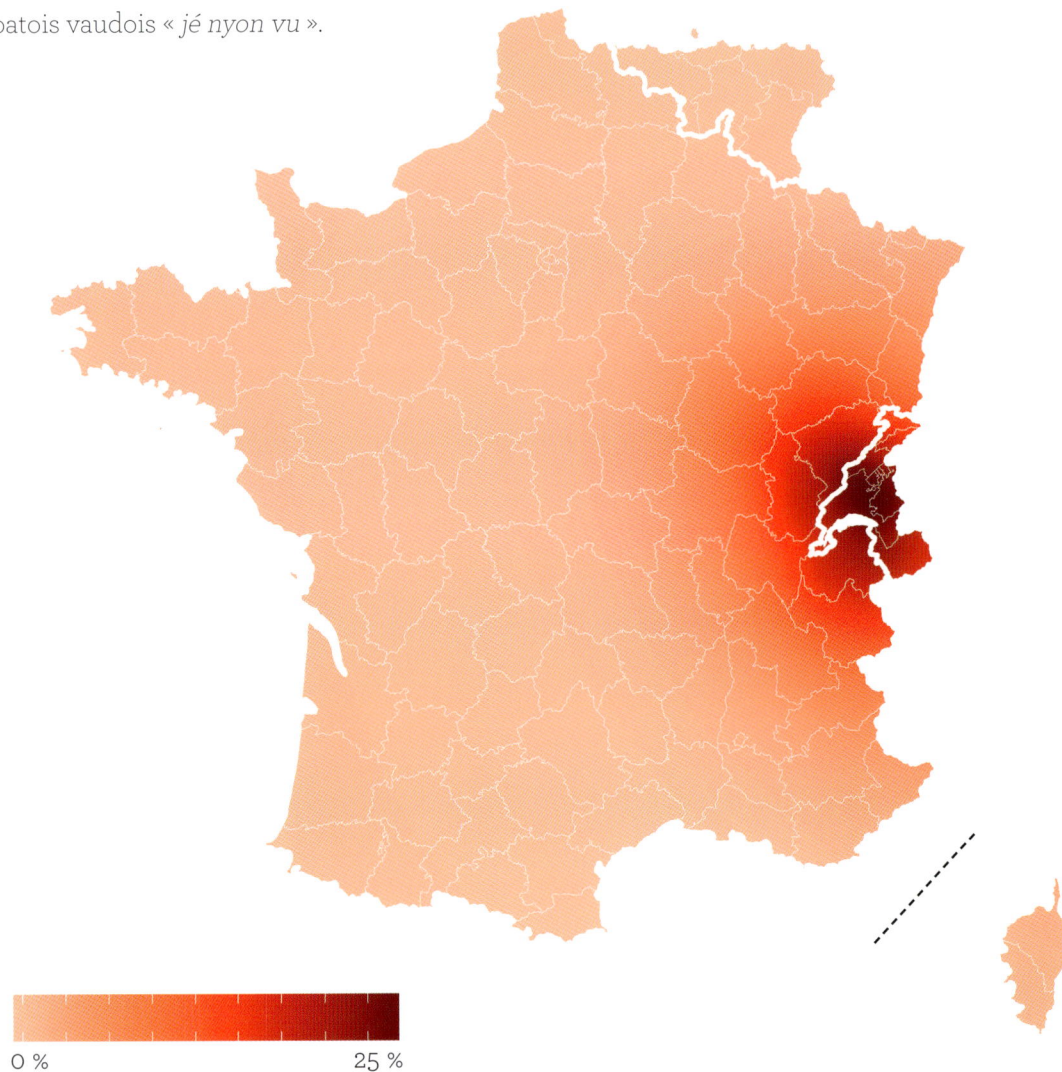

0 %   25 %

avoir t'chi mangé En Isère, particulièrement dans le français de Grenoble et de sa banlieue, la tournure **avoir t'chi + verbe au participe passé** (« j'ai t'chi mangé », « il a t'chi dit ») a pour équivalent en français standard **avoir rien + verbe au participe passé** (« j'ai rien mangé », « il a rien dit »). La particularité du tour réside dans le placement de l'indéfini **t'chi** (que l'on retrouve dans l'expression argotique « que t'chi », qui signifie : « rien du tout »), et qui s'emploie uniquement après le verbe : « **j'ai mangé que t'chi** ».

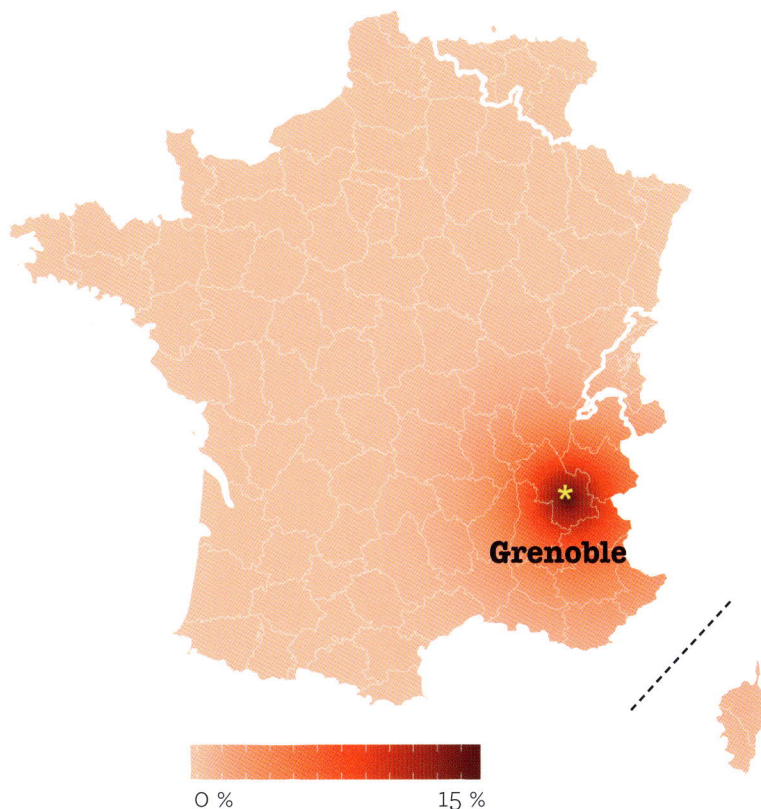

Grenoble

0 %   15 %

étendage Si la variante **tancarville** domine une large moitié Ouest de l'Hexagone (voir p. 76-77), dans la région du Centre-Est de la francophonie d'Europe, c'est la forme **étendage** qui est la plus répandue pour désigner un étendoir à linge.

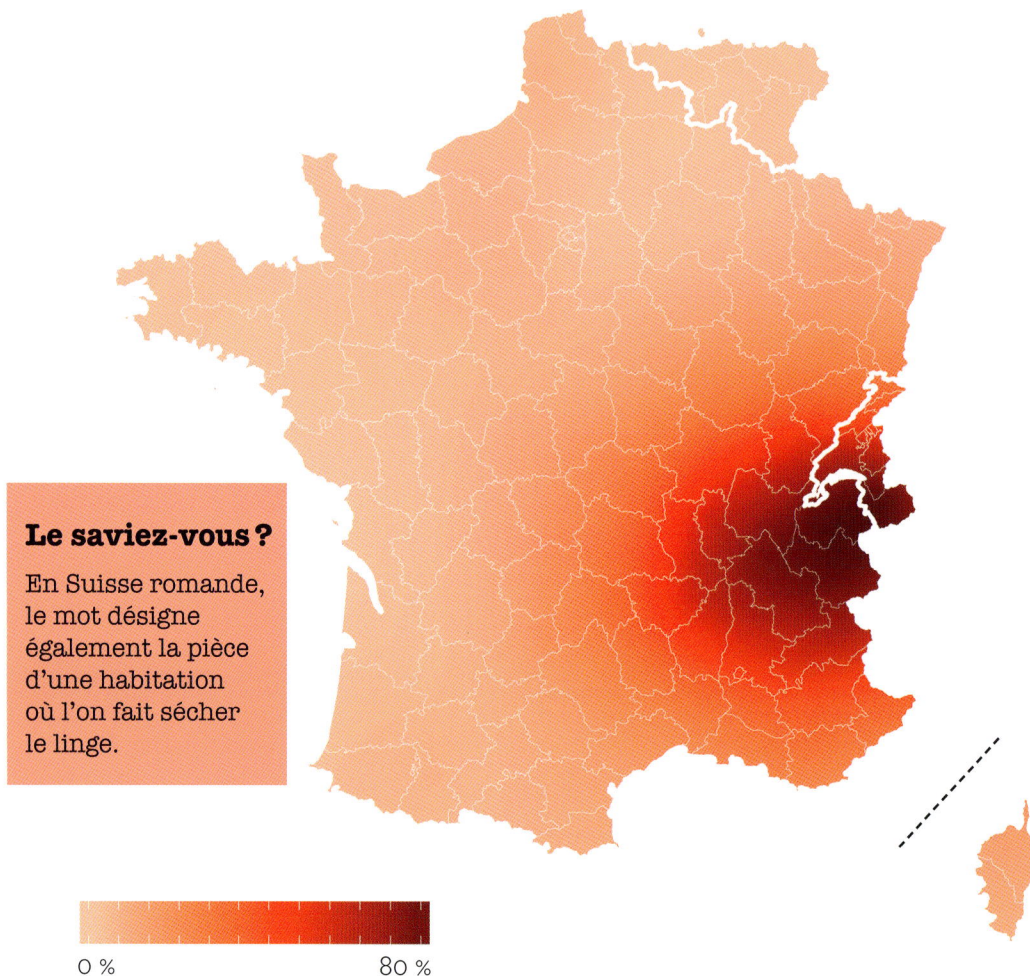

Le saviez-vous ?

En Suisse romande, le mot désigne également la pièce d'une habitation où l'on fait sécher le linge.

0 %   80 %

gâche Dans la région de Lyon et ses alentours (le mot n'est pas connu en Suisse romande), une **gâche** désigne une place : à l'école, un camarade peut demander à un autre de lui garder une **gâche** à côté de lui.

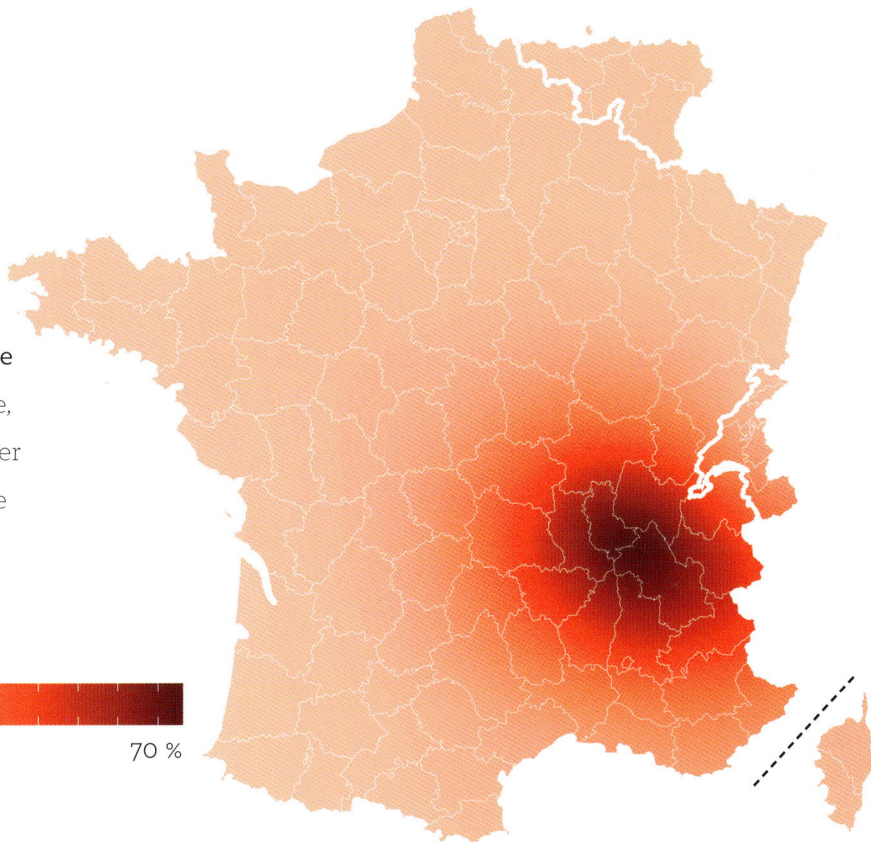

0 %   70 %

« Regarde voir s'il y a de la gâche sur le parking, je voudrais pouvoir garer ma voiture ! »

darbon Darbon (et ses nombreuses variantes **darbou**, **derbon**, **derbou**, **drabon**) est synonyme de taupe. On retrouve aussi ce mot dans de nombreux toponymes (les villages de Darbon, de Darbonnay, etc.).

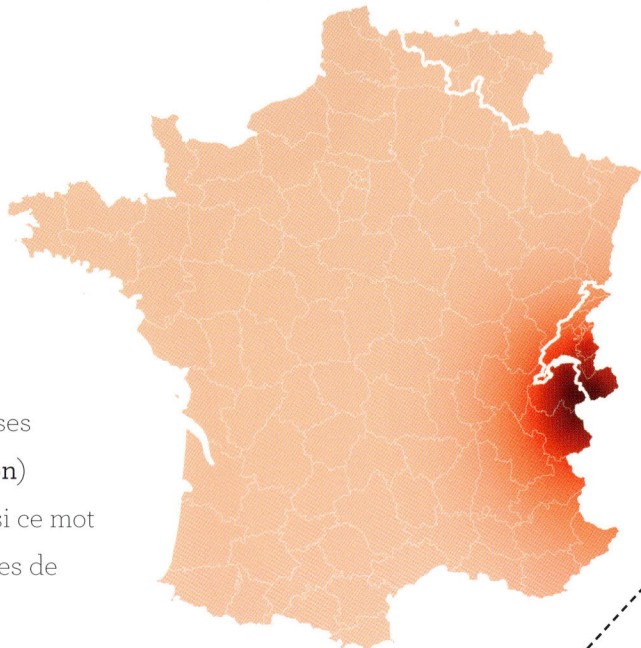

0 %   16 %

Le saviez-vous ?

La « fête du caïon » et son célèbre « concours du cri du cochon » ont lieu chaque année à Annecy. Dans la Broie suisse, on célèbre la « Saint-Caïon » tous les deux ans.

cayon Dans les Alpes, on appelle **cayon** (aussi orthographié **caïon**) un porc.

0 %   26 %

miron Le mot **miron** désigne un chat (mâle), la femelle étant appelée **mire**. Par extension, le mot peut également désigner un enfant.

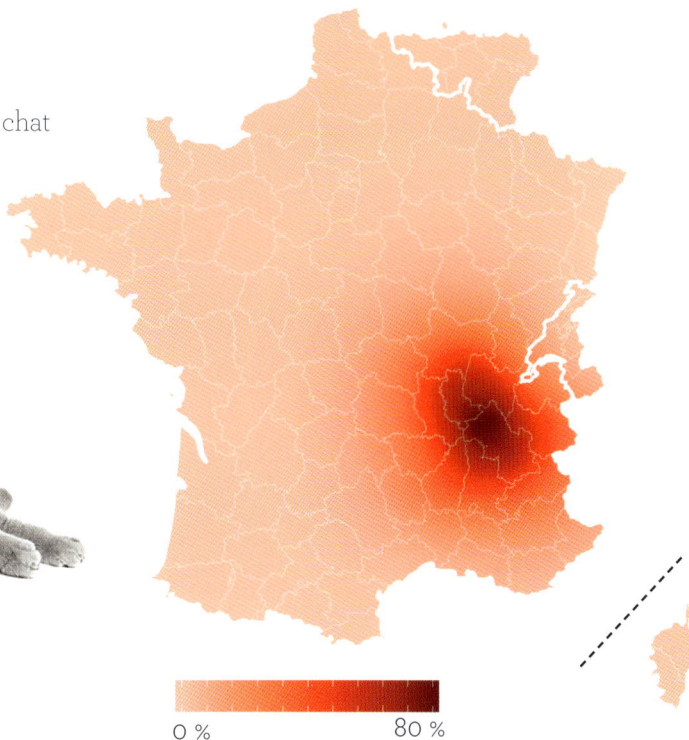

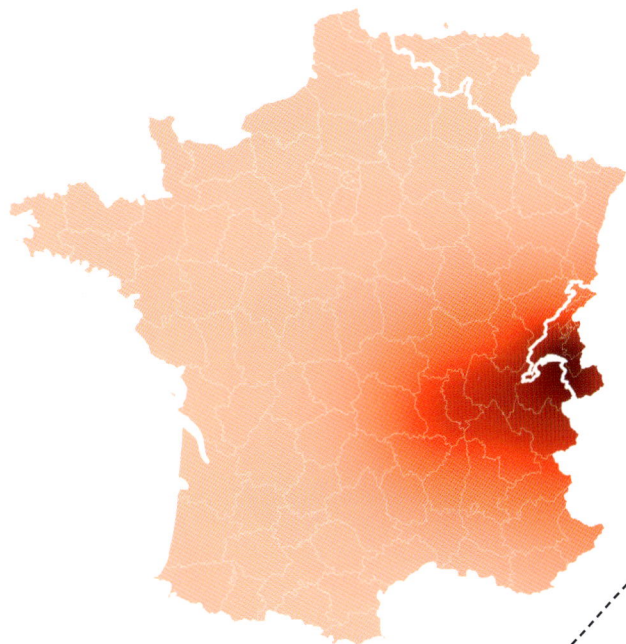

0 %   80 %

carotte rouge Une **carotte rouge**, c'est une betterave potagère.

0 %   60 %

grapefruit

En Suisse romande (mais c'est aussi le cas en Suisse alémanique), on appelle **grapefruit** (prononcé à la française) le fruit de l'arbre fruitier nommé pamplemoussier, fruit que l'on appelle en français standard… un **pamplemousse** !

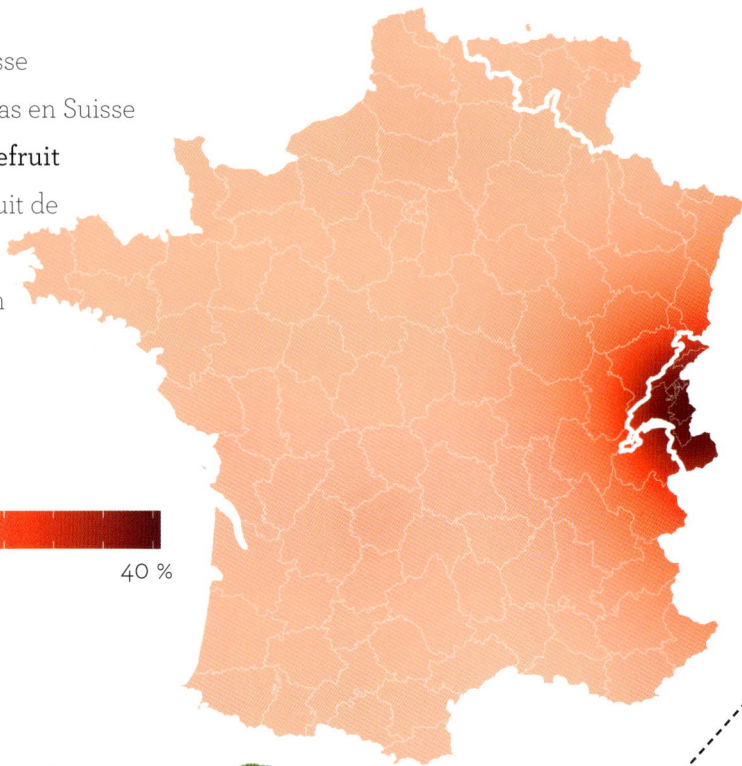

0 %   40 %

Passé en français par l'intermédiaire des dialectes alémaniques, le verbe **schlaguer** signifie « battre, taper », de l'allemand *schlagen*. Une **schlaguée**, c'est donc une correction, une rouste.

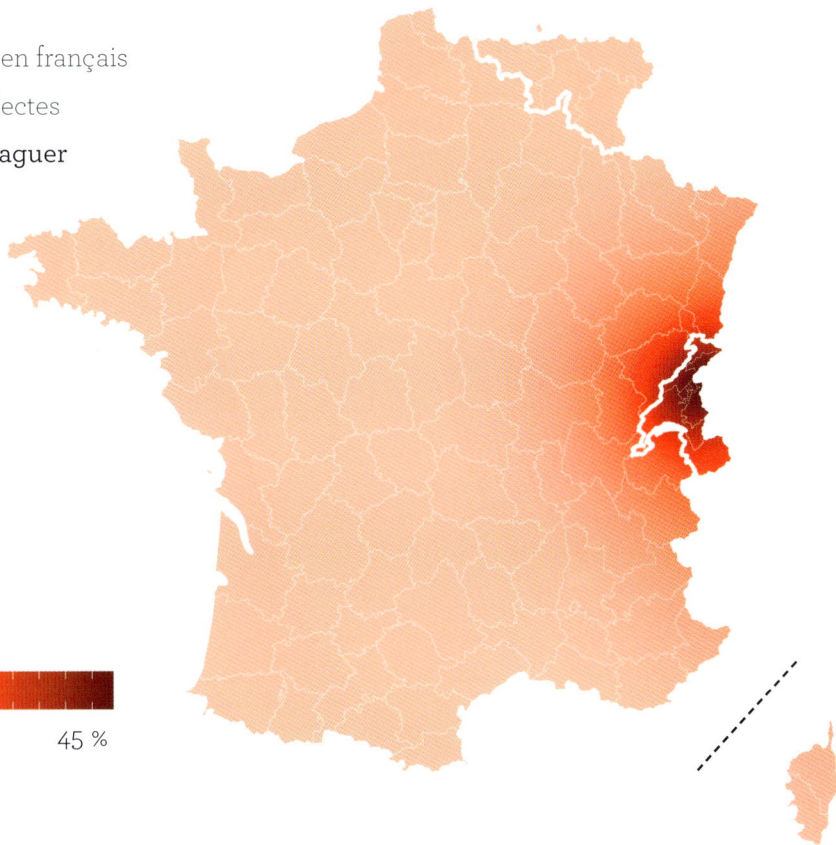

0 %   45 %

LES MOTS

GRAND

DU

SUD

« Ne touche pas la confiture avec tes mains, tu vas avoir les doigts qui pèquent ! »

péquer En occitan, le mot *pego* désigne « de la colle, de la résine, de la glu ou de la poix », en d'autres termes, « quelque chose qui colle ». Sur ce substantif a été formé le verbe *pegá*, qui signifie « coller », et qui est passé en français sous la forme **péguer**. Le verbe jouit d'une vitalité très forte, il est même connu au-delà des régions où l'on parlait historiquement des dialectes occitans. Cette situation s'explique par le fait que le mot désigne une réalité qu'aucun mot du français ne permet de saisir simplement (il n'existe pas de verbe « poisser », seulement un adjectif : poisseux). **Péguer**, ce n'est pas coller, c'est coller très légèrement, notamment dans les contextes où la sensation est due à une substance sucrée ou à la transpiration (« J'ai sué toute la journée, je **pègue** »).

0 %   100 %

être ensuqué Dans les parlers occitans, le verbe *ensucá* signifie « assommer, frapper sur la tête ». Dans le français méridional, une personne **ensuquée**, c'est une personne qui est **engourdie**, **fatiguée** : « Ouh là ! ça se voit qu'elle vient de se réveiller, elle a l'air complètement **ensuquée** ! » On emploie aussi l'adjectif pour parler d'une personne qui a reçu un choc, ou d'une personne qui est longue à la détente.

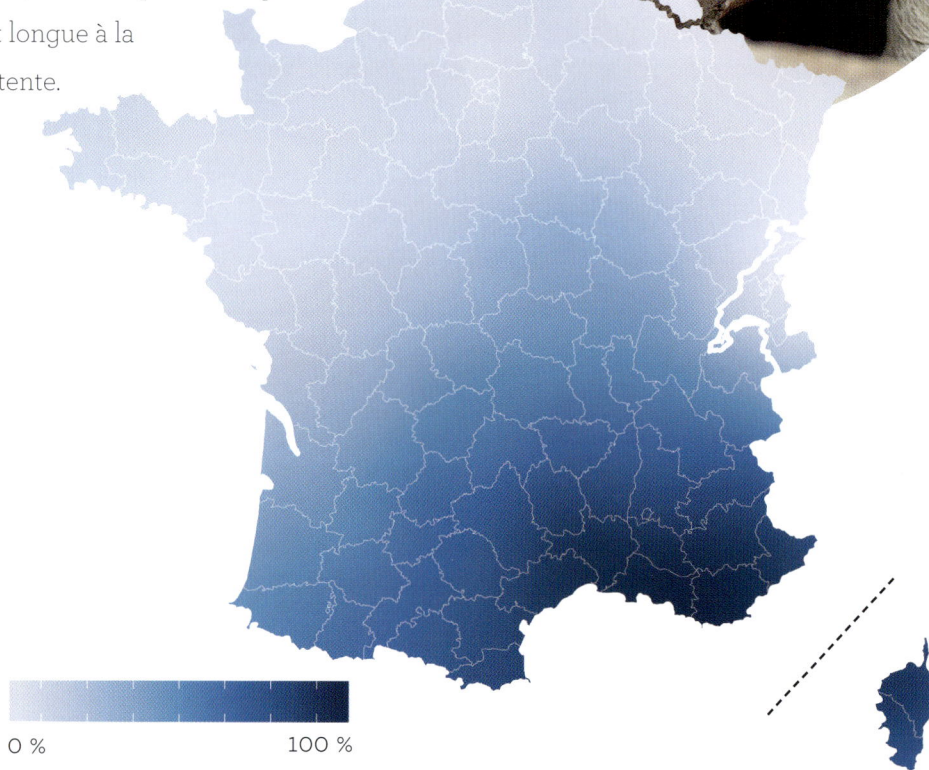

0 %   100 %

rouméguer Le verbe **rouméguer** est connu davantage dans la partie occidentale du Midi que dans la partie orientale. Synonyme de **ruminer** et de **bougonner**, il est employé pour exprimer le fait de se plaindre tout en marmonnant dans sa barbe. Le mot est entré dans l'édition 2017 du *Petit Larousse*.

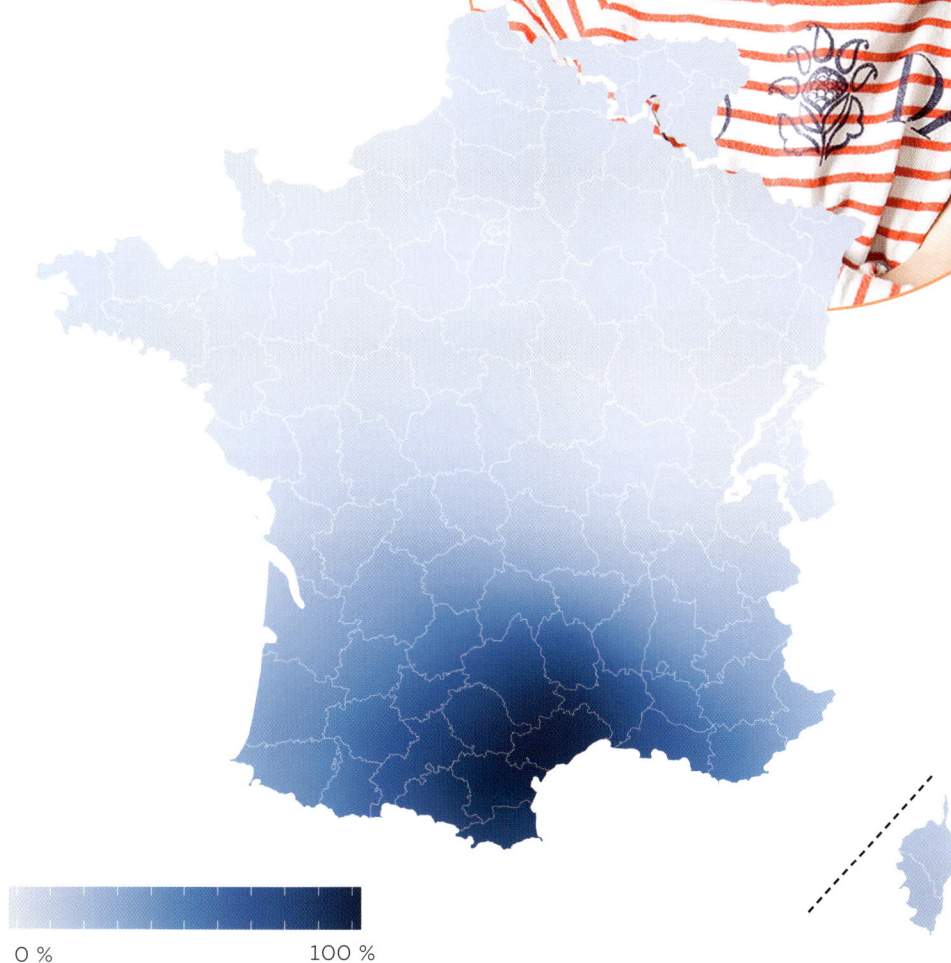

0 %　　　　　　100 %

escoube Dans le parler de la région de Marseille, une **escoube**, c'est un **balai**.

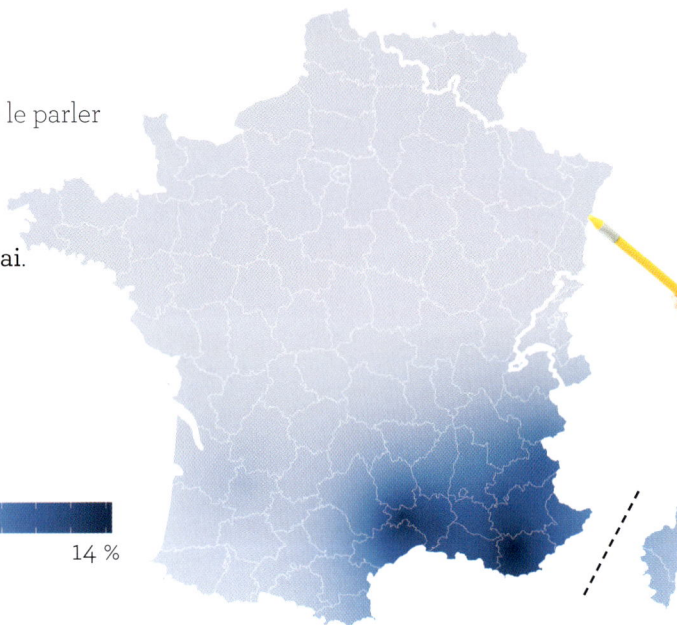

0 %   14 %

pile Comme le mot **escoube**, le mot **pile** jouit d'une aire de diffusion cantonnée aux alentours de Marseille. Une **pile** (le mot est féminin), c'est un évier !

0 %   30 %

cacagne Dans de nombreux
dialectes occitans, déféquer se dit *cagá*
(le mot a été francisé en **caguer** ou **ca-
quer**). Le mot **cacagne** désigne des selles
liquides, ce qu'on appelle
diarrhée en français standard
et **drisse** dans le Nord
de l'Hexagone (voir p. 92-93).

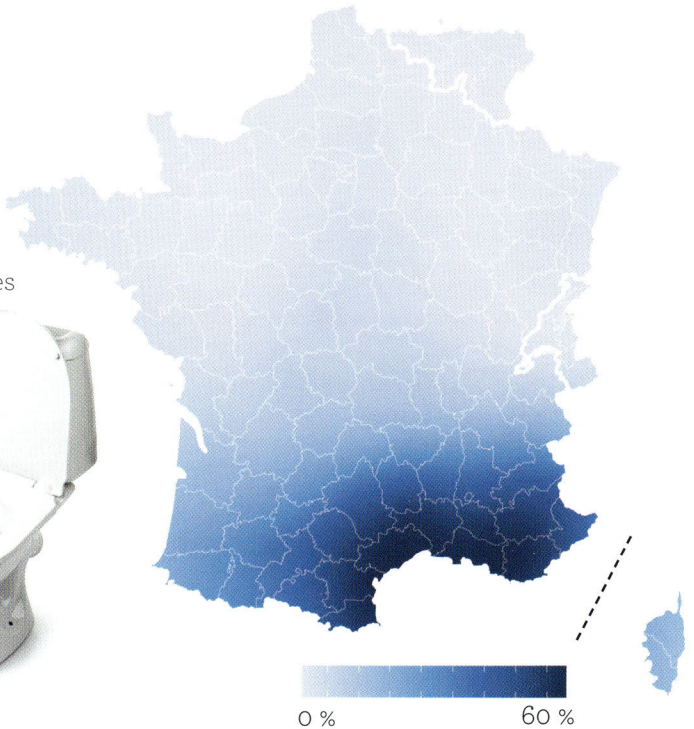

0 %   60 %

malle Emblématique du français du Sud-Ouest
(bien que moins médiatisé que le mot **chocolatine**, voir p. 32-33),
le mot **malle** désigne le coffre d'une voiture.

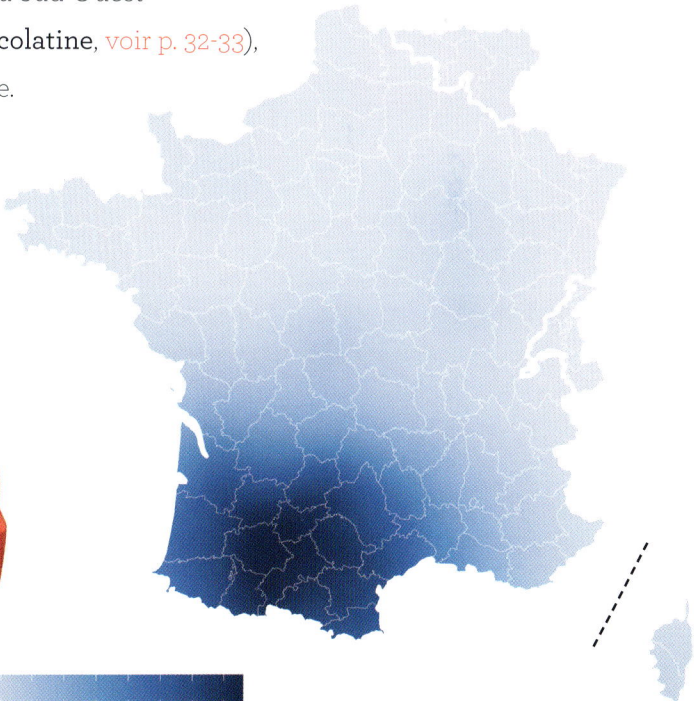

0 %   55 %

tomber (quelque chose)

Souvenez-vous, c'était en 1999, les radios passaient en boucle le tube *Tomber la chemise* du groupe toulousain Zebda. Saviez-vous qu'il ne s'agit pas là d'une expression figée, mais d'un mode de fonctionnement normal, dans cette région de l'Hexagone, du verbe **tomber** ? Dans le Languedoc et environs, on ne fait pas tomber quelque chose, on **le** tombe.

« Elle a tombé le téléphone, il est cassé ! »

0 %   35 %

être esquiché La locution

être esquiché signifie « être écrasé, être serré ». On l'emploie notamment quand on est dans un endroit où il y a beaucoup de monde et que l'on est serré les uns aux autres. On peut aussi entendre la variante **être quiché**.

0 %   100 %

dégun   Le pronom indéfini **dégun** (prononcé avec les lèvres arrondies, comme les mots **brun** ou **emprunte**, voir p. 56-57) est un mot emblématique de la cité phocéenne et de ses environs. Équivalent dans les parlers provençaux du français standard « personne », le mot a connu une médiatisation importante en 2016, lorsqu'il a fait son entrée dans *Le Petit Robert*.

Le saviez-vous ?

Le mot est surtout connu dans l'expression « y a dégun », qui correspond au français standard « y a personne ».

Le mot refait parler de lui en mars 2017, lorsqu'Emmanuel Macron, alors en campagne pour la présidentielle, déclare lors d'un meeting à Marseille, qu'« Avec vous et à vos côtés, comme on dit ici, on craint **dégun** ! ». Si la foule sur place, composée de 5 000 à 6 000 personnes, n'a pas manqué de l'acclamer, les internautes ont été beaucoup moins réceptifs et enthousiastes. Sur Twitter notamment, beaucoup lui ont reproché d'en faire un peu trop pour tenter de séduire les électeurs.

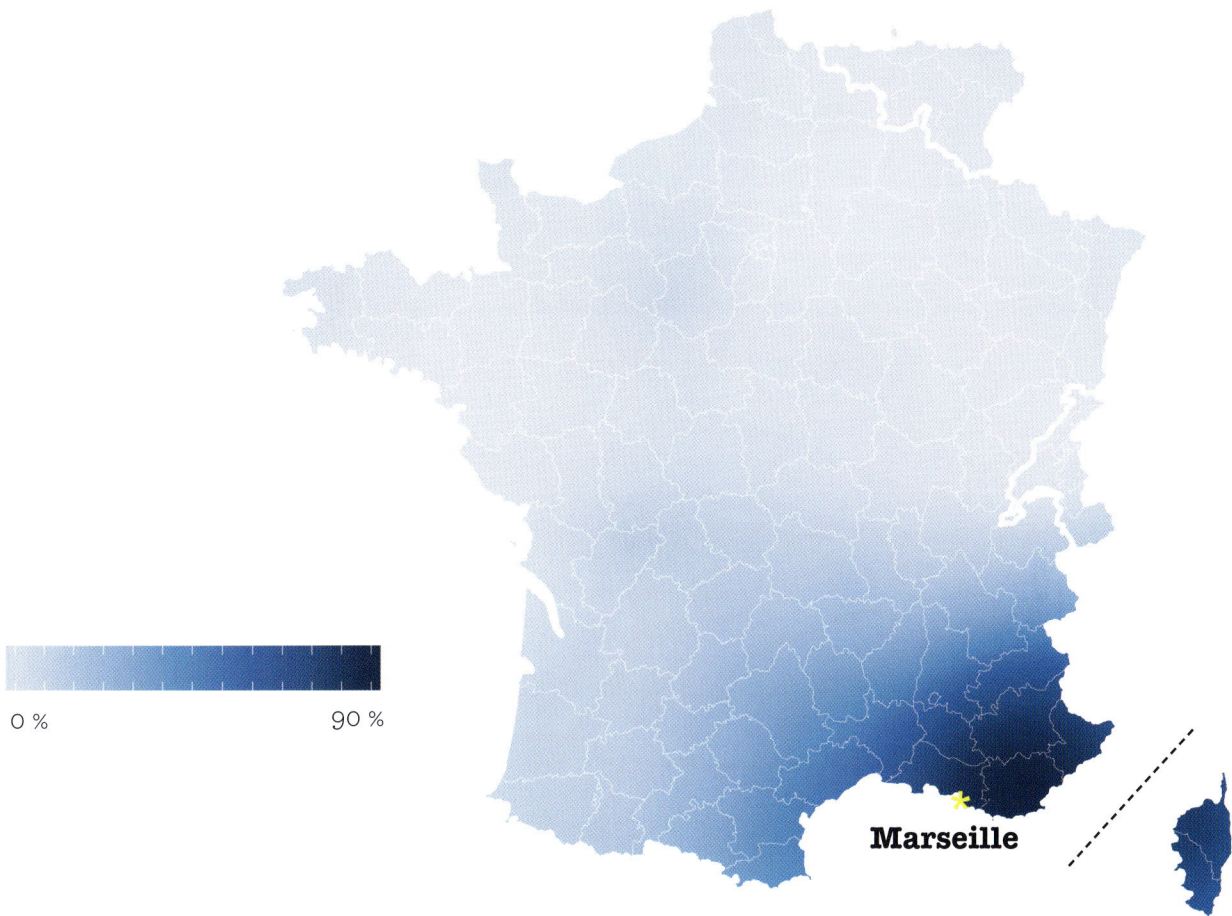

0 %   90 %

escaner Dans certains dialectes occitans, *s'escaná* signifie « s'étrangler, s'étouffer ».
En français, le verbe a gardé le même sens : on peut **s'escaner** en mangeant (le verbe
est alors synonyme de **s'entrucher**, voir p. 85, qui signifie « avaler de travers ») ou en riant ;
plus métaphoriquement, on peut se sentir **escané** si l'on est pris à la gorge
(pour des problèmes d'argent par exemple).

0 %   100 %

escagasser Ce verbe signifie grosso modo « affaisser, écraser ». On l'utilise essentiellement au figuré, pour dire que l'on est harassé (on est **escagassé** suite à une longue journée de travail par exemple), que quelqu'un nous casse les pieds ou pour parler d'une bagarre : « Il s'est fait coincer par un groupe de lascars qui l'ont escagassé, ils l'ont pas loupé ! »

0 %   40 %

CE QUE LES

ET LES

NE DISENT

LES

SUISSES
BELGES
PAS COMME
FRANÇAIS

70, 90

Une des différences les plus connues entre le français de Suisse ou de Belgique et le français de France repose sur les formes que l'on utilise pour exprimer les cardinaux 70, 80 et 90.

Le cas de 70 et 90

En Belgique comme en Suisse, ce sont les formes **septante** et **nonante** que la norme locale prescrit, alors qu'en France on utilise les mots **soixante-dix** et **quatre-vingt-dix**, et ce de façon (quasi-) exclusive. Pourquoi de telles différences ? Au début du XXe siècle, le système décimal (où 70 = 7 × 10), issu du latin, était (encore) le système de référence dans les dialectes parlés sur un large croissant à l'Est du territoire, croissant dont les pointes se situent en Belgique et dans l'extrême Sud-Ouest de l'Hexagone (l'existence d'attestations isolées dans les îles anglo-normandes et en Bretagne laisse même penser que ce système était jadis connu sur un territoire plus grand, comme le confirment de nombreux dictionnaires).

Info utile

La carte ci-contre a été conçue à partir des données de l'*Atlas linguistique de la France*, réalisé au début du siècle dernier par les linguistes Jules Gilliéron & Edmond Edmont. Certes, les enquêtes à la base de cet atlas portaient sur les patois, mais on peut penser que ces cartes reflètent (toutes choses étant égales par ailleurs) la situation du français que l'on parlait dans les milieux ruraux à cette époque.

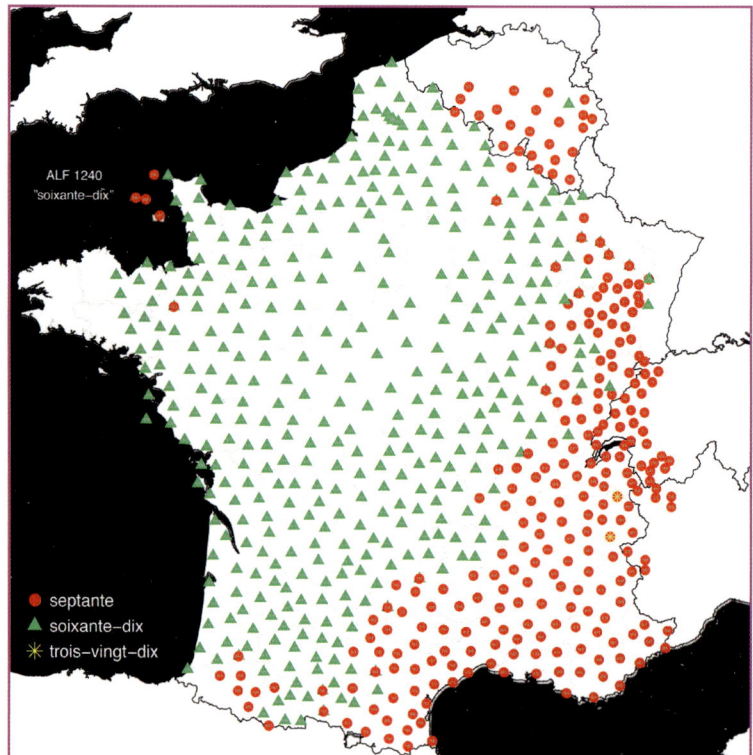

ALF 1240
"soixante-dix"

● septante
▲ soixante-dix
✳ trois-vingt-dix

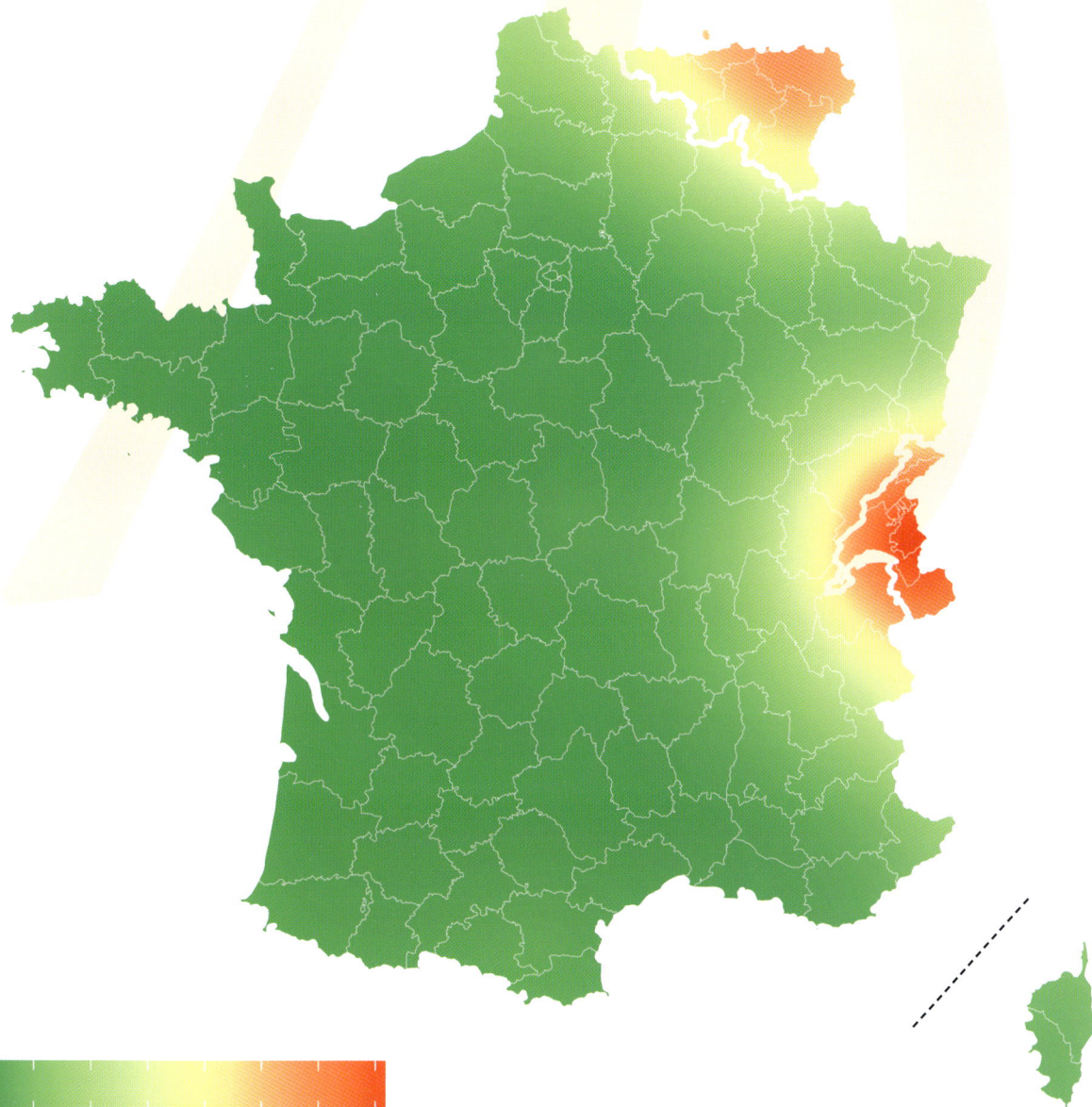

Aujourd'hui, ces régionalismes ne sont presque plus utilisés en France : ils survivent seulement dans la bouche de quelques locuteurs établis dans les départements frontaliers avec la Suisse romande. En revanche, ils se maintiennent en Suisse et en Belgique, sans doute en raison de l'existence de systèmes éducatifs autonomes et distincts. En effet, plus aucun petit Français n'apprend que 70 et 90 se disent **septante** et **nonante**, contrairement à ce qui se passe en Belgique ou en Suisse.

Le système vigésimal

Dans les états anciens du français, le système de numérotation par 20 était plus étendu qu'il ne l'est actuellement : on trouve des attestations de locutions telles que « sept vingt » (= 140) ou « quatorze vingt » (= 280). D'ailleurs, saviez-vous que l'hôpital des Quinze-Vingts à Paris a été nommé ainsi par Louis IX car il s'agissait d'un hospice qui contenait à l'origine 300 lits ?

On trouve des traces de ce système dans certains dialectes de France, voir à témoins les formes trois-vingt-dix des points 955 et 963 en Savoie sur la carte de l'*Atlas linguistique de la France* reproduite p. 136.

Le saviez-vous ?

En France, les formes en **-ante** étaient encore préconisées il y a peu par les instituteurs pour faciliter l'apprentissage du calcul aux petits Français. À témoin l'extrait suivant, tiré des Instructions officielles de 1945 : « Les noms des nombres présentent, comme l'on sait, des anomalies ; il peut être avantageux d'employer d'abord les noms qui seraient logiques [...]. De même, utiliser **septante**, **octante** et **nonante** au lieu de **soixante-dix**, **quatre-vingts** et **quatre-vingt-dix**. Des leçons complémentaires de vocabulaire feront ensuite correspondre à ces noms théoriques les noms de notre français courant. »

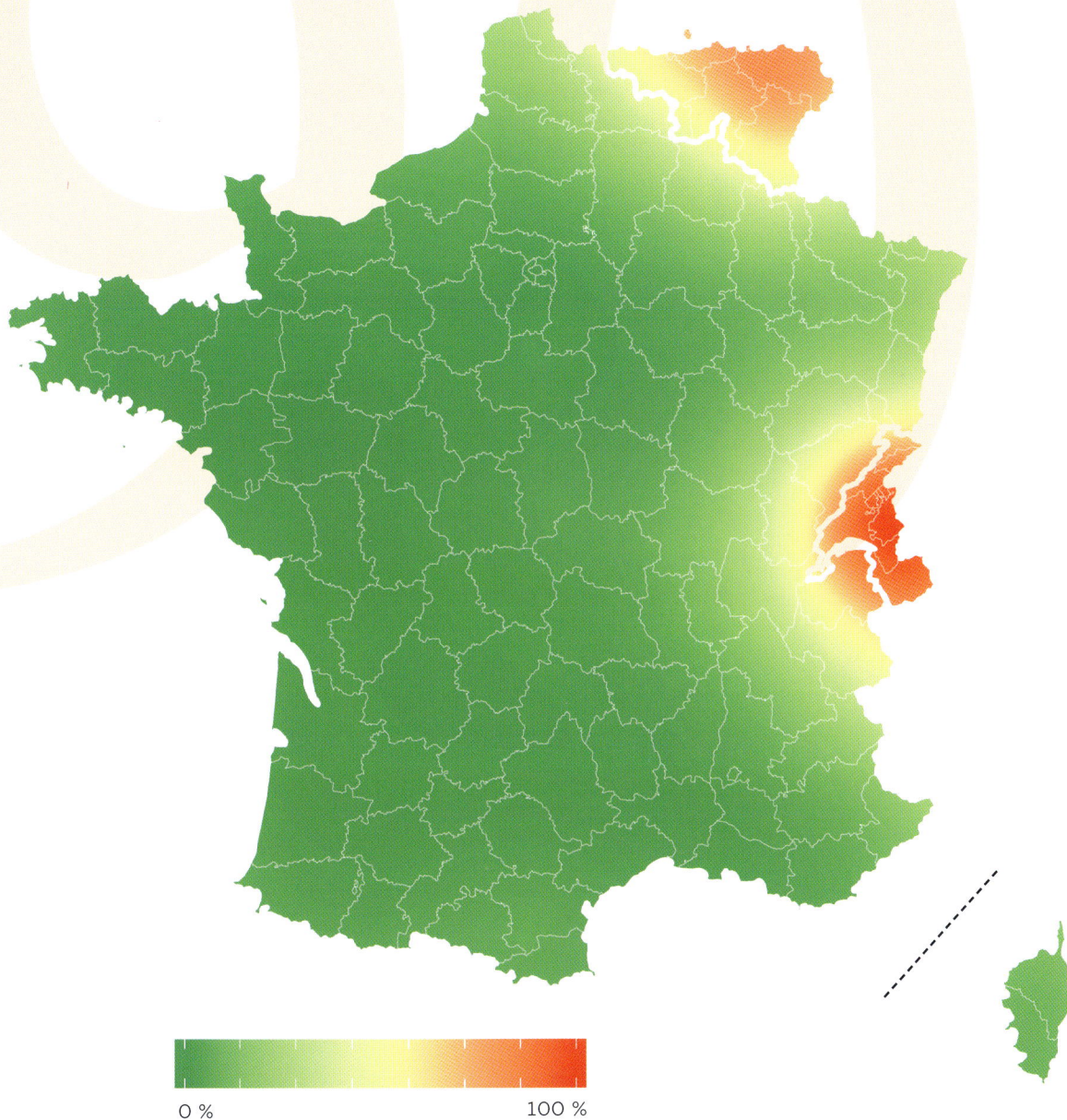

nonante

Le cas de 80

Selon une idée communément admise, les francophones de Belgique et de Suisse utiliseraient le terme **octante** pour exprimer à l'oral ou à l'écrit le cardinal 80. Il s'agit d'un préjugé qui a la vie dure, colporté par des personnes n'ayant qu'une vague idée de ce que disent vraiment leurs voisins helvètes et wallons.

Le mythe d'octante

Selon toutes vraisemblances, le préjugé auquel nous cherchons à tordre le cou trouve ses origines dans de nombreux dictionnaires de référence. Un petit détour dans l'*Atlas linguistique de la France* nous indique qu'en dialecte, à la fin du XIXe siècle, la forme **octante** n'était utilisée par personne, ou du moins par pas grand monde. On ne compte en effet que sept attestations de la forme, éparpillées sur l'ensemble de la France septentrionale. Les témoins utilisant une forme du système décimal employaient le type **huitante** (ou l'une de ses variantes **huiptante, otante, utante, oitante**, etc.), et étaient tous établis à la périphérie du territoire.

Aujourd'hui, si personne ou presque n'utilise la forme **octante**, il n'en est pas de même pour la forme **huitante**, qui connaît une vitalité élevée en Suisse romande, plus particulièrement dans les cantons du Valais, de Vaud et de Fribourg.

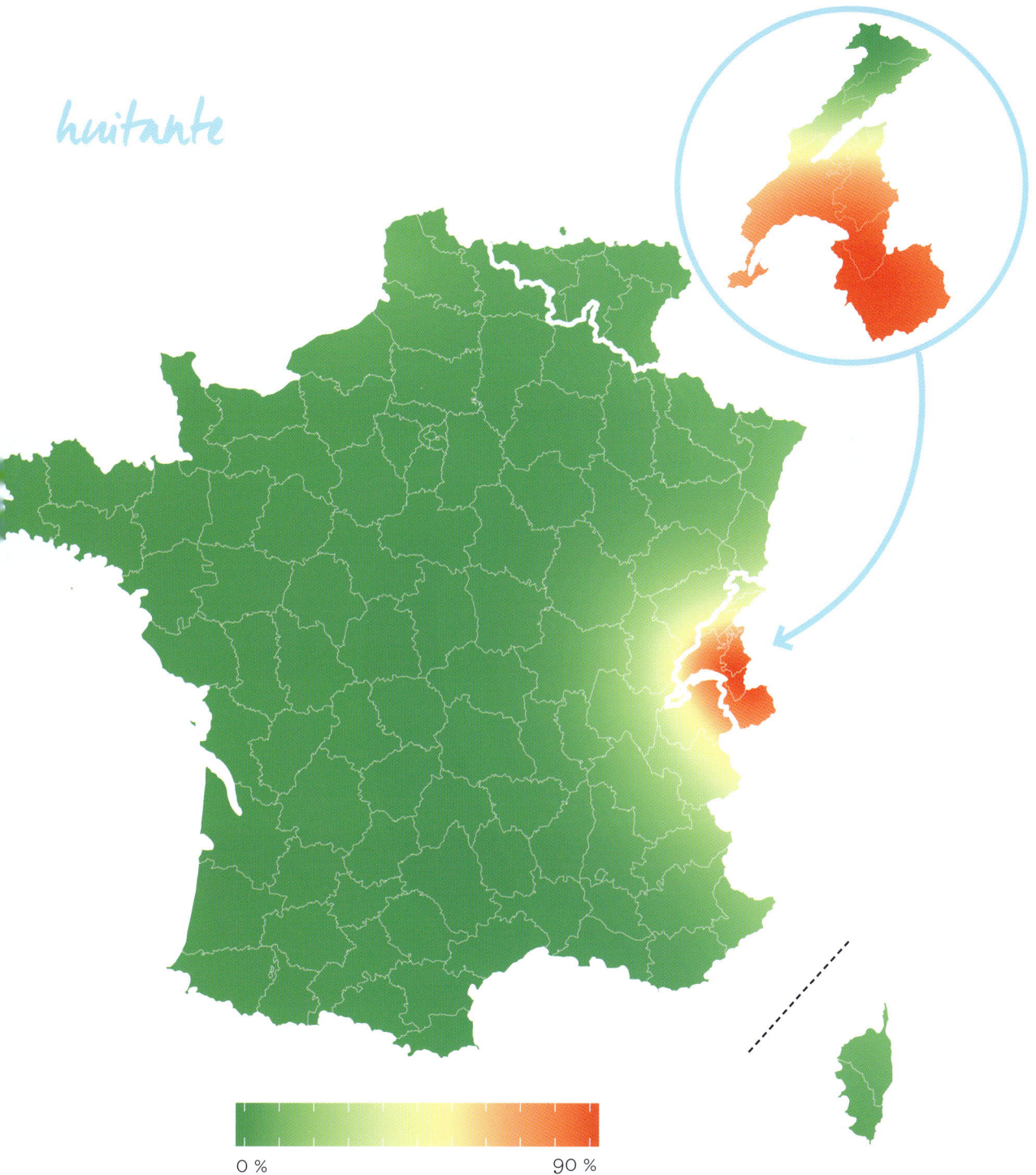

huitante

L'heure du dîner Il est difficile de documenter avec précision l'évolution des noms de repas de la journée : au Moyen Âge, les gens ne prenaient que deux repas. À partir du XVIe siècle, on sait que la triade **déjeuner/dîner/souper** désignait les trois repas de la journée, le **déjeuner** celui qui suit le lever, le **dîner** celui de la mi-journée, et enfin le **souper** celui du soir. On sait également que, dans les pratiques de l'aristocratie parisienne, l'heure du repas de midi a reculé de plus en plus tard dans la journée : au XVIIIe siècle, le **dîner** se prenait à 17 heures, et au XIXe siècle, il était devenu le repas du soir, évinçant le mot **souper**. Par ricochet, ce décalage a eu pour conséquence de retarder l'heure du premier repas de la journée : le mot **déjeuner** s'est alors imposé pour désigner le repas de midi, et on a commencé à opposer ce déjeuner-là à l'autre, qui devint donc le « petit » déjeuner car plus léger. En province, la triade **déjeuner/dîner/souper** n'a été supplantée par **petit-déjeuner/ déjeuner/dîner** que tout récemment : dans les années quarante, on soupait encore le soir dans la ville de Sarcelles, située à 15 km de Paris !

Aujourd'hui, en France, beaucoup de locuteurs se sont alignés sur la norme parisienne (qui fait autorité dans la restauration et l'hôtellerie), alors que ce n'est pas le cas en Suisse ou en Belgique, où l'on a gardé le mot **dîner** pour désigner le repas de midi.

dîner (repas du midi)

En Europe, il n'y a plus qu'en Belgique et en Suisse que l'on dîne en milieu de journée. En France, le mot a quasiment disparu pour désigner le repas du midi.

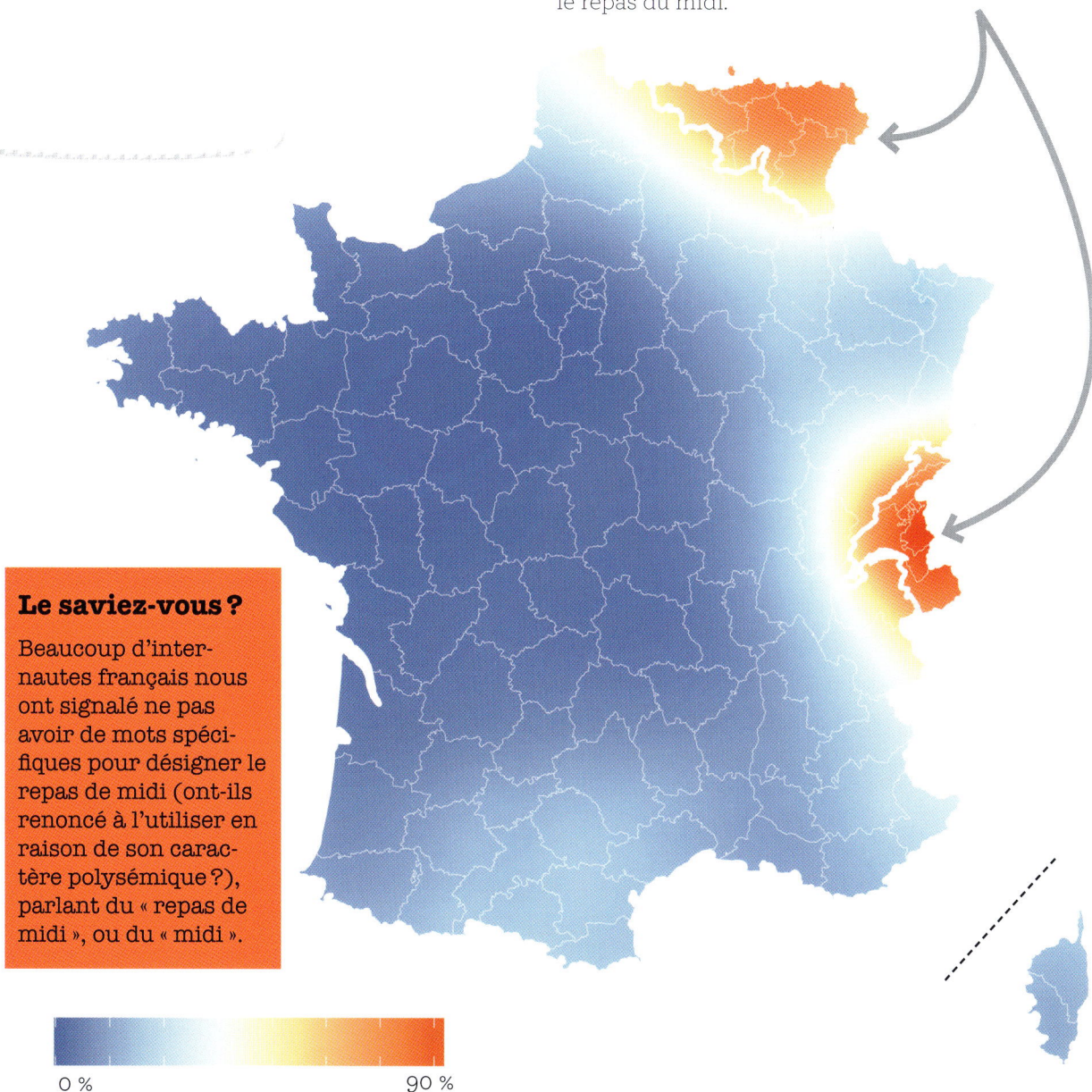

Le saviez-vous ?

Beaucoup d'internautes français nous ont signalé ne pas avoir de mots spécifiques pour désigner le repas de midi (ont-ils renoncé à l'utiliser en raison de son caractère polysémique ?), parlant du « repas de midi », ou du « midi ».

0 %   90 %

déjeuner (repas du matin)

Le mot **déjeuner** pour désigner le premier repas du matin semble de moins en moins utilisé sur le territoire français, de même que sur le territoire belge, sans doute en raison de son caractère ambigu (il désigne, selon les cas, le premier repas de la journée, ou le second).

Le saviez-vous ?

Étymologiquement, le verbe latin *disjejunare*, duquel sont issues les formes **déjeuner** et **dîner**, signifie « rompre le jeûne ».

0 %   70 %

souper (repas du soir)

Le mot **souper** jouit d'une vitalité plus élevée que les mots **dîner** et **déjeuner**, en raison de son caractère non polysémique : il ne désigne que le repas du soir. Si on vous invite à **souper**, il y a peu de chances pour que vous vous trompiez de créneau horaire !

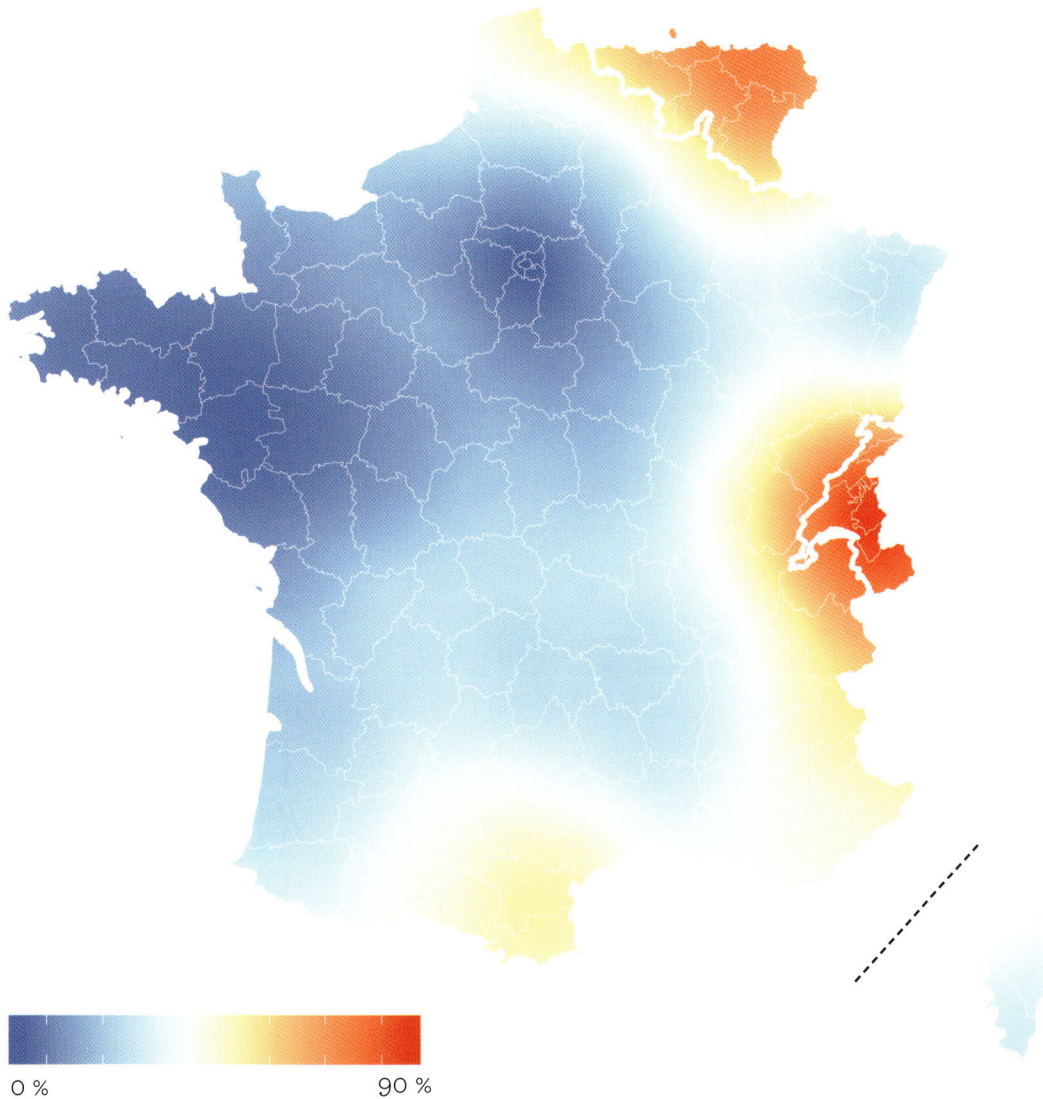

0 %   90 %

porreau La plante potagère dont le nom s'écrit **poireau** connaît différentes appellations (**porreau**, **poirée**, **poirette**, **asperge du pauvre**) en français. La carte ci-contre permet de rendre compte de la vitalité et de la répartition de la variante **porreau**. Plus proche du latin *porrum* dont elle dérive, la forme était répandue naguère sur un territoire beaucoup plus vaste qu'aujourd'hui. Les deux formes étaient présentées dans de nombreux dictionnaires jusque dans les années 1970 (sans précision particulière quant à leur répartition régionale).

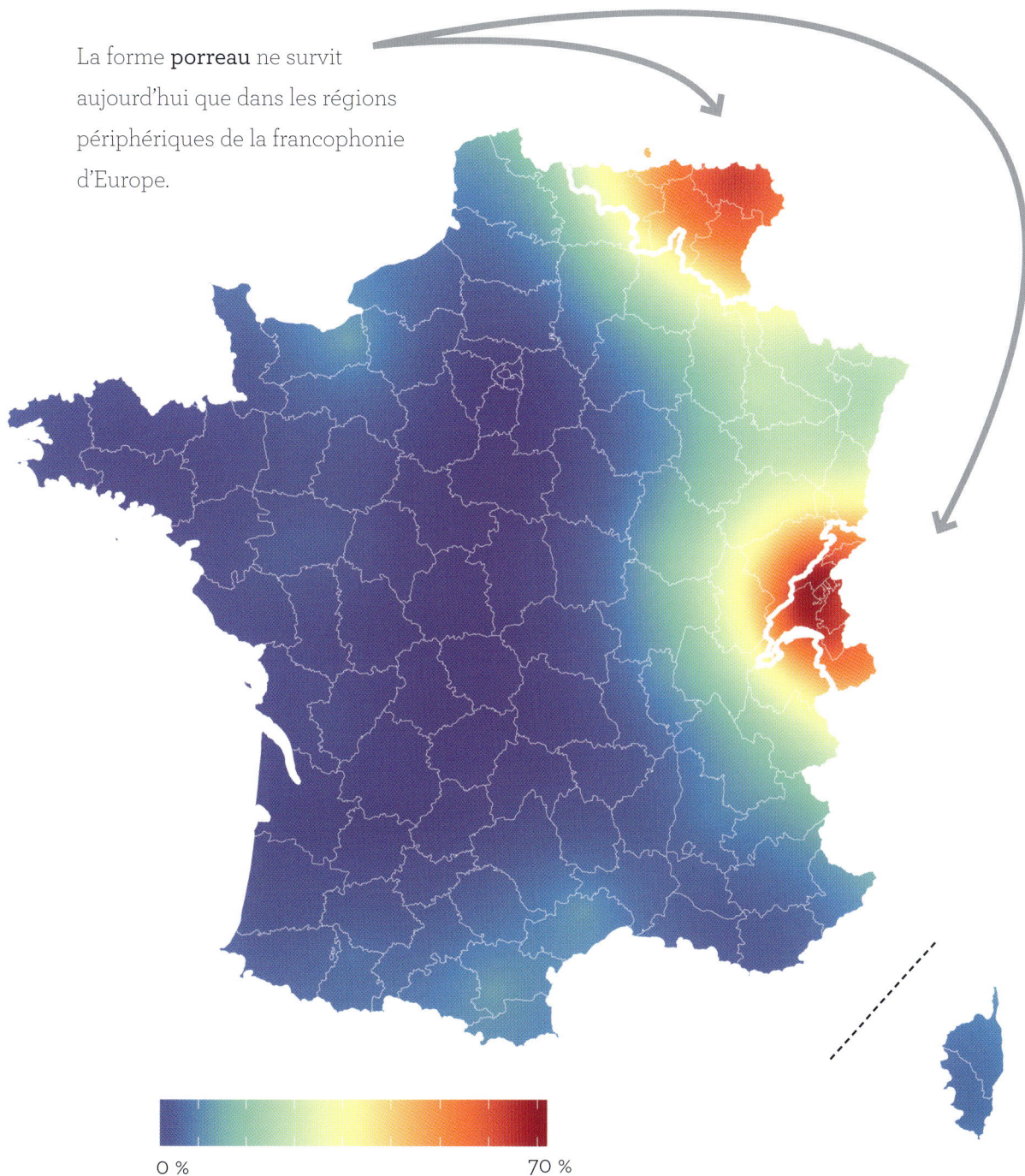

La forme **porreau** ne survit aujourd'hui que dans les régions périphériques de la francophonie d'Europe.

0 %   70 %

faire cru Autrefois, l'adjectif **cru**, qui signifie « froid et humide », était enregistré dans de nombreux dictionnaires. Aujourd'hui, le mot dans ce sens ne survit guère plus que dans l'expression **faire cru**, qui s'emploie pour désigner un état atmosphérique particulier (« En hiver en Belgique, il **fait** généralement **cru**. »)

Le saviez-vous ?

L'expression **faire cru** est également employée par nos cousins québécois et acadiens !

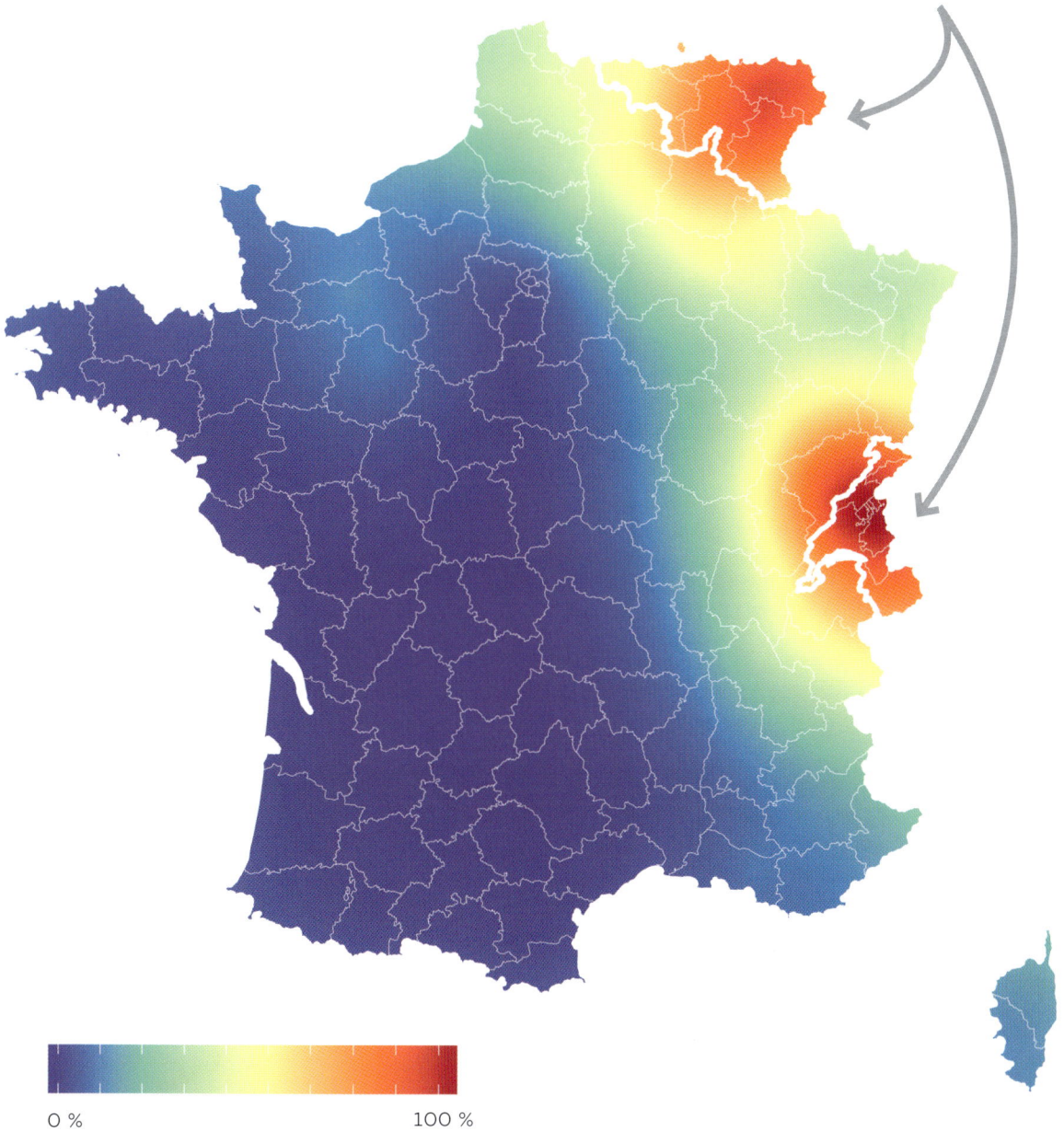

C'est en Belgique et en Suisse romande que le tour **faire cru** jouit de la vitalité la plus élevée.

GSM ou Natel ?

En France métropolitaine, on appelle son **téléphone mobile** un (**téléphone**) **portable**, et ce peu importe d'où l'on vient ! On remarquera toutefois que les participants vivant dans les départements frontaliers de la Belgique (Ardennes, Nord et Pas-de-Calais) et de la Suisse (Doubs et Haute-Savoie) connaissent et utilisent les variantes en usage de l'autre côté de la frontière, c'est-à-dire la variante **Natel** en Suisse, un mot-valise formé à partir de la contraction de deux mots allemands, *nationales* et *Autotelefon* (ou *Autotelefonnetz*, selon les sources), et la variante **GSM** en Belgique, acronyme de *Global System for Mobile Communications*. Beaucoup de répondants originaires de France nous ont signalé qu'ils s'adaptaient à la nationalité de leur interlocuteur, ou qu'ils appliquaient le « droit du sol » quand ils se rendaient de l'autre côté de la frontière – un bel exemple d'adaptation linguistique !

Le saviez-vous ?

La Commission d'enrichissement de la langue française, qui fait autorité en France, propose de renoncer au mot **smartphone**, parce qu'il s'agit d'un anglicisme (il est en effet formé à partir des mots *smart* : « intelligent, malin » et *phone* : « téléphone »). La commission recommande à la place d'utiliser les expressions **ordiphone** ou **terminal de poche**. D'après nos sondages, peu de participants suivent cette recommandation, puisque moins de 10 % de Français, de Belges et de Suisses ont avoué préférer les expressions **téléphone intelligent**, **terminal de poche** ou **ordiphone** au mot **smartphone** !

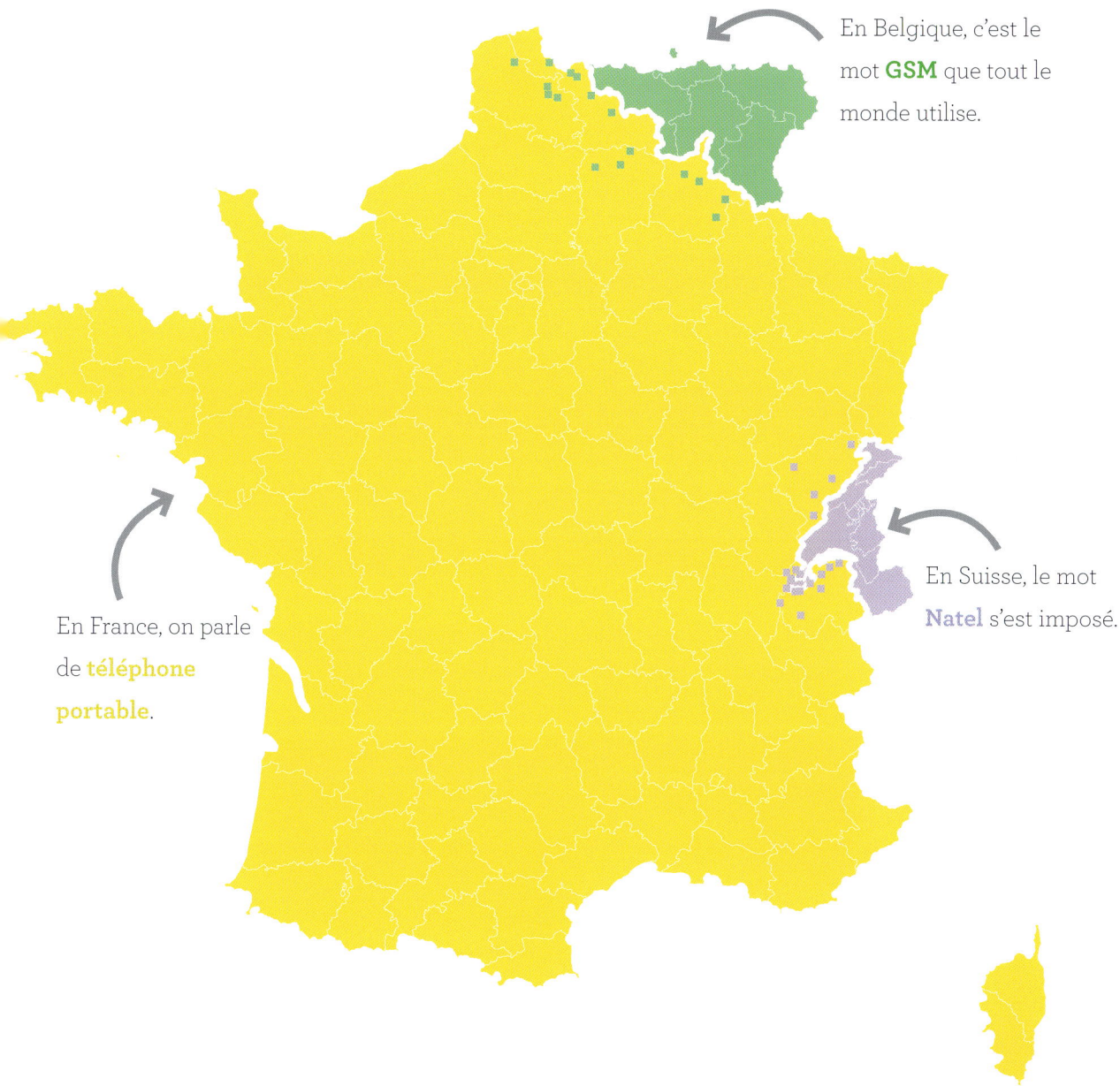

En Belgique, c'est le mot **GSM** que tout le monde utilise.

En Suisse, le mot **Natel** s'est imposé.

En France, on parle de **téléphone portable**.

pour porter des documents

Alors que le mot **farde** est une survivance de l'ancien français *fardes* (qui désignait des vêtements, et et dont la variante **hardes** a survécu longtemps, bien qu'elle soit aujourd'hui vieillie), le mot **fourre** (de la même famille que le mot « fourreau ») ne semble jamais avoir été connu en français standard (on le retrouve dans certains dialectes francoprovençaux et franc-comtois). La variante **pochette** a été formée à partir du mot **poche**, qui désigne un petit sac d'étoffe, un étui (voir p. 20-21). Quant à la forme **chemise**, il s'agit d'un glissement de fonction, par analogie, la chemise faisant référence à un revêtement, une couverture.

Le saviez-vous ?

En Belgique, une **farde de cigarettes** désigne ce que les Français appellent une **cartouche (de cigarettes)**. En Suisse romande, une **fourre** désigne également ce que les Français dénomment une **housse** (de couette ou de skis, par exemple).

En France, les locuteurs emploient aussi bien le mot **chemise** que **pochette**.

En Belgique, on emploie le mot **farde**.

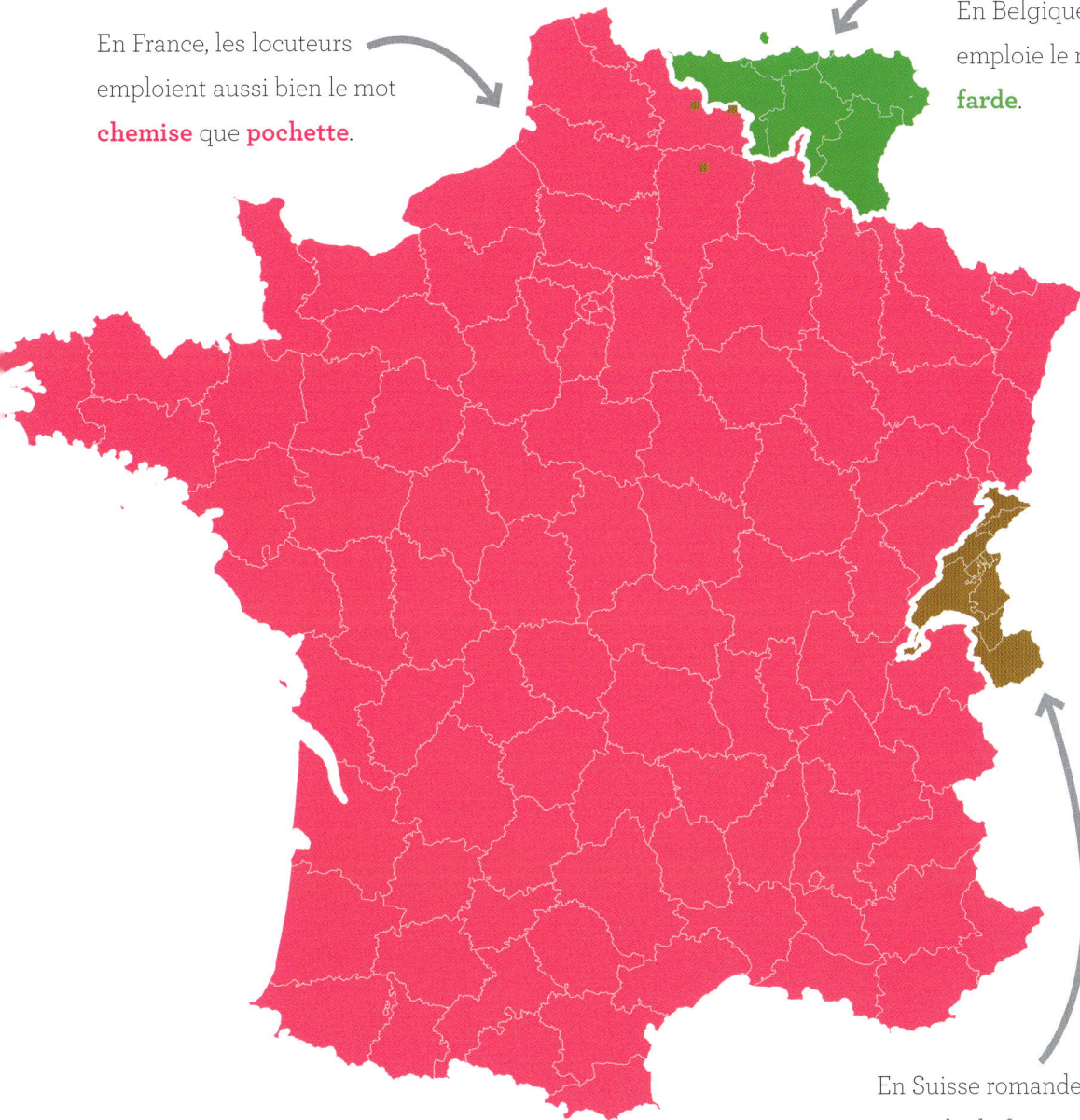

En Suisse romande, on parle de **fourre**.

pour signaler un changement de direction

La variante **clignoteur** peut se faire entendre en Belgique.

En France, on utilise un **clignotant**.

Le saviez-vous ?

En Suisse romande, on peut encore entendre le mot **flèche** pour désigner le clignotant.

La majorité des Romands se servent d'un **signofile**.

pour la plage

En France, on se sert d'une **serviette** ou d'un **drap de bain**.

En Belgique, on parle d'un **essuie**.

En Suisse romande, on utilise un **linge**.

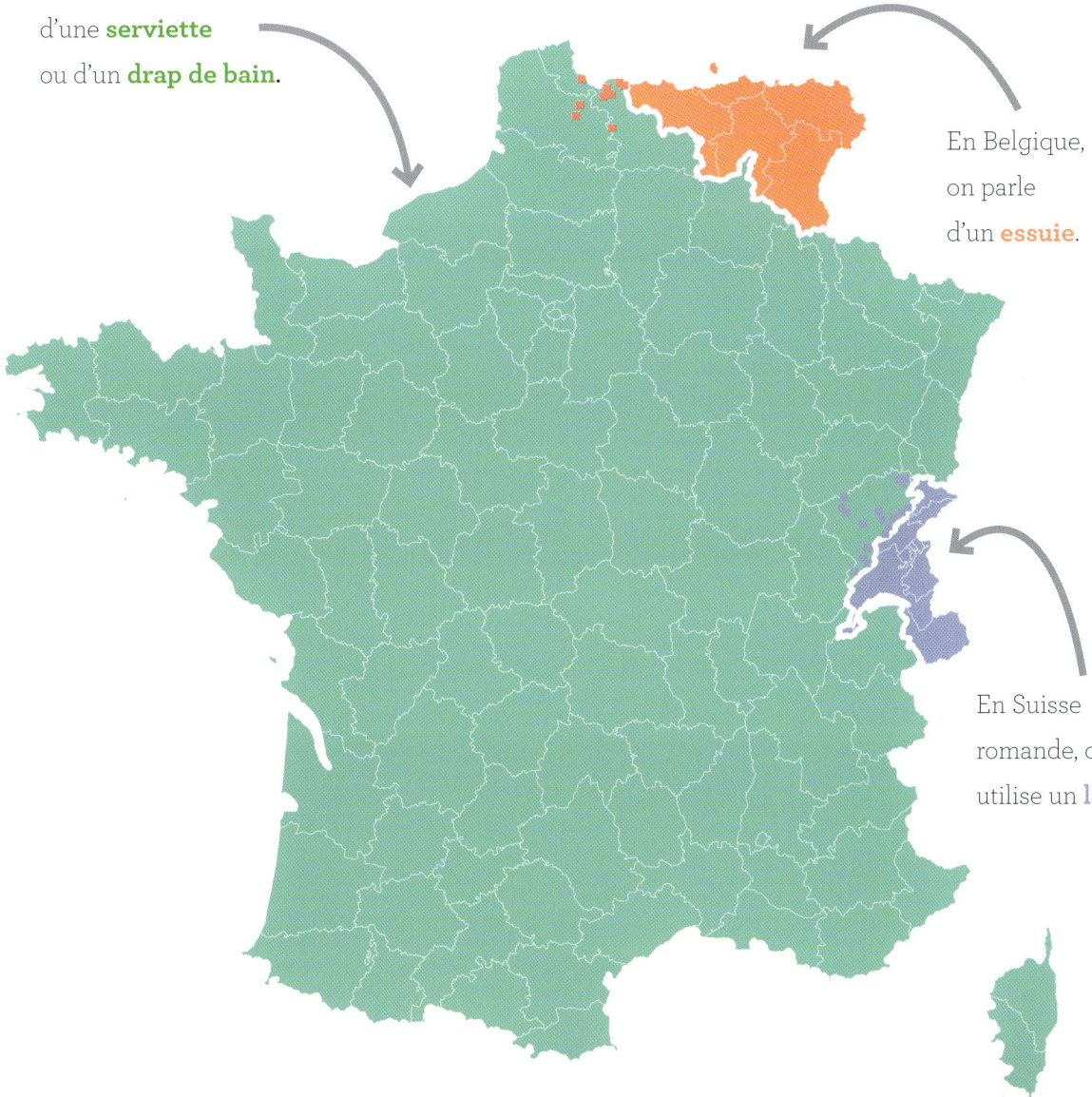

CONCLUSION

Quel avenir pour les régionalismes ?

On déplore souvent la mort imminente des régionalismes du français, invoquant les médias de masse qui diffusent un parler dépourvu de toute spécificité régionale, la mobilité toujours plus grande de la population, l'urbanisation et la disparition des traditions folkloriques, etc. Nos enquêtes montrent que si certains régionalismes sont effectivement en voie de disparition, d'autres ont encore de belles années devant eux. En atteste par exemple la popularisation de l'expression marseillaise **dégun**, ou encore la vigueur du débat, dans les médias sociaux, entre les tenants de la **chocolatine** et ceux du **pain au chocolat**, concurrencés depuis peu par les amateurs de **petits pains au chocolat**.

Le mot de la fin

Depuis la fin du XVIIᵉ siècle, des spécialistes de la langue (grammairiens, instituteurs, journalistes) – voire de simples amateurs – ont tenté de répertorier les particularités locales du français des gens qui les entouraient en vue d'en souligner le côté fautif pour mieux les corriger et les faire disparaître (on pense à des ouvrages dont les titres sont assez évocateurs : « chasse » aux belgicismes, « barbarismes », « solécismes », expressions « vicieuses », etc.). Or, les régionalismes font partie de l'identité des francophones, de leur culture, de leur patrimoine, et ne devraient pas, en cette qualité, faire l'objet de stigmatisation sociale. C'est pourquoi quand on me demande quelle variante de prononciation ou de phrase est la plus correcte, je réponds qu'il n'y a pas une variante qui est correcte, mais plusieurs. En tant que linguiste, je reste persuadé que ce sont les locuteurs qui définissent la norme, et non l'inverse. Dès lors, il existe autant de normes qu'il existe de régions… ou d'usages dominants !

Index

262010 – (II) – CDM 135 – ELS – BTT
Dépôt légal : octobre 2017 suite de tirage: novembre 2017
Imprimé en Espagne par Graficas Estella SL